간추린 위인들의 전기

간추린 위인들의 전기

김명혁 엮음

세종출판사

머릿말

필자는 오래전부터 위인들의 전기를 쓰고 싶었다. 사십년 동안 교직을 통해서 수많은 위인전과 작품들을 읽었다. 필자는 청소년들에게 수많은 위인전을 다 읽을 시간적 여유가 없는 청소년들에게 간추린 위인들의 전기를 읽게 하고 싶어서 이 책을 쓰고자 하는 것이다.

위인들의 생애를 통해 하늘처럼 높은 이상, 끈질긴 인내, 강력한 추진력, 어떤 역경에 처하더라도 꺾이지 않는 불굴의 용기 등을 볼 수 있고, 또한 나라를 사랑하고, 인류를 위해 헌신하는 인물들도 볼 수 있다.

위인전은 그 주인공이 얼마나 위대한 업적을 남겼는가를 보여주는 것이 중요하지만, 그보다도 그 인물이 얼마나 참된 인간상을 갖고 성실하게 그 업적을 남겼는가를 보여 줄 필요가 있다. 다시 말하면, 그의 성실함과 착함, 남을 위해 헌신할 수 있는 사랑과 봉사, 그리고 한 가지 목표를 향해 나아갈 수 있는 의지와 용기를 지닌 인물이다.

위인들이 남긴 업적이나 훌륭한 유산을 통해 그들이 결코 쉽지 않은 삶을 살아왔음을 짐작할 수 있다. 그들은 처음부터 역사에 길이 남을 일을 하려고 작정한 것은 아니다. 그들은 무언가 큰일을 하기 위해 노력한 것이 아니라 하루하루 주어진 자신의 삶에 최선을 다했기 때문에 뜻 깊고 가치 있는 결과를 얻게 된 것이다. 다시 말하면, 그들은 위대한 사람이 되기 위해 노력하기보다 어떤 일을 할 것인가에 전념했기 때문에 좋은 결과를 가져온 것이다.

필자는 청소년들이 위인들의 삶과 행로를 통해 삶의 용기를 얻어 자신이 가야할 방향을 정하고, 그들이 여러 가지 어려운 상황을 어떻게 극복하는 지를 잘 익혀서 삶의 정도正道를 찾아 가기를 바란다. 그리하여 청소년들이 먼저 자신이 하고 싶은 일이 무엇인지를 찾고, 돈을 많이 벌어 유명한 사람이 되는 것보다 많은 사람들을 행복하게 하고 이롭게 하는 것이 더 가치 있는 삶이란 것을 이해하기를 바란다.

끝으로 이 책이 나오기까지 여러 가지 도움을 주신 분들에게 이 지면을 빌어서 감사의 뜻을 표하고자 한다. 항상 편안한 마음으로 글을 쓸 수 있도록 물심양면으로 뒷바라지를 해 준 아내와, 이 책을 출판할 수 있도록 해주신 세종문화사 이길안 사장님과 관계자 여러 분에게 진심으로 감사드린다.

2022년 12월

편자 식

차례

김유신 장군
(金庾信 將軍 : 590-673)

김유신의 조상은 신라에 의해 532년(법흥왕 19년)에 멸망한 금관가야의 왕족이었다. 신라 화랑도 풍월주의 역사를 기록한 <화랑세기>에는 김유신의 가계에 대한 설명이 비교적 자세히 기록되어 있다.

김유신의 아버지는 각간角干 김서현, 할아버지는 각간 김무력, 증조부는 구충대왕九衝大王, 고조부는 겸지대왕鉗知大王이다. 그런데 김유신의 가계는 이미 고조부인 겸지대왕 때부터 신라 귀족과 혼인으로 맺어져 있어서 김유신이 가야 출신이지만 신라인의 피가 흐르고 있었다.

김유신의 어머니 역시 신라의 왕족인 만명 부인이다. 만명 부인은 진평왕의 모후인 만호태후가 진흥왕의 동생인 숙흘종과 사통해서 낳은 딸이다. 김유신의 아버지 김서현은 대량주(지금 합천)의 도독으로 있을 때 길에서 숙흘종의 딸 만명을 우연히 만나 한눈에 반해 몰래 사귀었는데, 숙흘종과 만호태후가 두 사람의 교제를 반대했다. 김서현이 비록 신라인이 되었지만 왕족이 아니었기 때문이다. 신라에서는 골품제에 따라 왕족은 왕족끼리만 혼인할 수 있었다. 결국 만명은 아버지의 극심한 반대를 무릅쓰고 집을 뛰쳐나와 서현과 몰래 혼례를 치루었다.

그 후에 김서현은 만노군(지금 진천) 태수가 되어 만명을 데리고 만노군으로 갔다. 서현은 어느 날 하늘에서 화성과 토성 두 별이 자신의 품에 안기는 꿈을, 만명 부인은 금으로 만든 갑옷을 입은 동자가 구름을 타고 집 안으로 들어오는 꿈을 꾸었다. 그로부터 얼마 지나지 않아 만명 부인은 아기를 잉태하여 옥동자를 낳았다. 이 아기가 바로 김유신으로 진평왕 12년(서기 590)때였다.

한편 만명 부인과 김서현의 결혼을 반대했던 만호태후는 외손자인 유신을 한 번 보고 유달리 영특한 유신의 모습에 반해 김서현을 사위로 인정하고 받아 들였다. 이로써 김서현은 미약하나마 중앙 정계에 진출해 한 자리를 차지할 수 있었다. 당시에 가야출신이라는 점은 김서현과 김유신에게는 불리하게 작용했다. 그럼에도 김유신은 가야계라는 열등감보다는 신라 왕족의 피가 흐른다는 사실에 더 강한 자부심을 갖고 있었다.

김유신은 어린 시절부터 심신을 단련하고 무술을 연마해 15세에 화랑이 되어 용화향도龍華香徒(김유신을 따르던 화랑의 무리)를 이끌었다. 비록 나이는 어렸으나 친구들은 물론 다른 화랑들도 김유신을 많이 따랐다. 이들은 이름난 산과 강을 찾아다니며 무술을 익히는 단체로 수련생활을 했다.

김유신은 어느 날 용화향도 7명을 데리고 사냥을 나갔다. 토함산 기슭에서 백석이란 청년을 우연히 만났는데, 인물이 준수하고 무술이 뛰어난 백석을 잘 봐서 김유신은 그를 친형제처럼 대했다. 김유신은 백석을 믿고 이곳저곳을 돌아다니면서 백제와 고구려가 신라의 국경을 자주 침입한다는 것을 거리낌 없이 말했다. 그러자 백석은 고구려군이 자주 출몰하는 한강 주변을 한 번 다녀오는 것이 어떻겠는지 물었다. 김유신은 한강 주변을 한 번 둘러보는 것이 좋겠다고 생각했다.

김유신은 십여 명이 넘는 용화향도들과 함께 백석을 따라 북쪽으로 산행을 계속했다. 어느 날 밤 김유신이 꿈을 꾸었다.

"김유신, 그대는 내 말을 들으시오." 말을 탄 세 낭자 중 가운데 낭자가 말했다.

"이 밤중에 당신들은 누구시오?" 김유신이 놀란 얼굴로 물었다.

"우리는 내림, 혈례, 골화의 세 호국신이오. 지금 고구려 사람이 유인해 가는데도 전혀 눈치를 채지 못하고 있기에 여기까지 달려왔다오." 말을 마치자마자 세 낭자는 자취를 감추었다.

김유신은 호국신이 있던 자리를 향해 두 번 엎드려 절했다. 그리고 잠에서 깨어났다.

김유신은 백석이 고구려 간첩이라고 확신하고 백석을 잡아 묶고 칼을 뽑아 사실대로 말하라고 위협을 했으나, 처음에는 딱 잡아떼고 아니라고 하다가, 결국 실토하고 말았다. 백석은 김유신을 유인해서 고구려 국경지대로 끌고 가려다가 실패하여 결국은 목숨을 잃고 말았다.

어느 날 향도들과 숲속에서 시를 짓던 김유신은 천관이란 아가씨와 마주쳤다. 갸름한 얼굴의 천관은 무척 아름다웠는데, 마음씨도 아주 고왔다. 비록 기생이었지만 김유신이 태어나서 처음으로 사랑을 느낀 아가씨였다. 그러다보니 어느 날부터인가 그가 타고 다니는 말은 으레 천관 아가씨네 술집으로 길을 잡곤 했다.

시간이 흐름에 따라 김유신은 '천관 아가씨를 찾아서는 안 된다.'라고 다짐을 했다. 신라의 화랑으로서 처신을 바르게 해야 한다고 다짐을 한 것이다. 며칠 전, 그는 아버지 서현 공으로부터 처신을 바르게 하라는 말을 들었기 때문이다. 그래서 '이쯤해서 더는 천관을 찾지 말아야 해! 그리고 수련 활동도 예전처럼 열심히 해야 해!'라고 마음속으로 다짐했다.

김유신은 다시는 천관녀를 찾아가지 않기로 다짐하고, 어느 날 향도들과 어울려 술잔을 나누고 말을 타고 집으로 향했다. 술이 조금

취한 그는 말이 가는 대로 가다보니 어느 듯 천관의 집 앞에 닿았다. 그는 정신을 차리고 보니 천관녀 집 앞이었다. 천관녀는 오랜만에 그가 온 것을 보고 기쁜 마음으로 맞이하기 위해 집 앞으로 나왔다. 휘청거리며 말에서 내린 그는 정신을 바짝 차리고 "네 놈이 나의 굳은 결심을 무너뜨리고 말았구나!"라고 말하며, 그의 긴 칼을 뽑아 자기가 아끼던 말의 목을 쳐버렸다. 그리고 나서 그는 아무 말 없이 돌아서서 그곳을 떠나버렸다.

얼마 후에 김유신은 한동안 집을 떠나기로 하고 아버지에게 말했다. "아버님도 아시다시피 고구려, 백제, 말갈 등이 걸핏하면 우리나라 국경으로 쳐들어와서 들쑤셔 놓곤 합니다. 이에 맞서려면 무술이 좀 더 높은 경지에 이르러야 할 텐데, 부끄럽게도 소자의 실력은 아직 그에 미치지 못합니다. 인적이 드문 깊은 산속에 들어가 학문과 무술을 닦고 오겠습니다."

"그래라. 무엇보다도 먼저 안정된 마음을 지녀야 한다."

김유신은 중악(삼각산) 깊은 곳에 있는 석굴을 찾아 자리를 잡았다. 짐을 풀어 정리를 한 다음 그는 차가운 시냇물에 뛰어들어 몸을 깨끗이 씻고 정성스럽게 차린 제단 앞에 무릎을 꿇고 앉아 하늘을 향해 소원을 빌었다.

"무뢰한 이웃 나라들이 신라 영토를 침범하여 하루도 편안한 날이 없습니다. 저는 아직 무엇 하나 변변하게 갖춘 것이 없는 미약한 청년입니다. 하오나 장차 나라를 위해 목숨을 바칠 작정이오니 신이시여 굽어 살피소서." 김유신은 이렇게 간절히 기도했다.

나흘째 되는 날, 거친 배 옷을 입은 흰 수염이 무성한 노인이 홀연히 나타나서 물었다. "밤낮으로 독벌레와 사나운 짐승들이 우글거리는 곳에 어린 사람이 어찌하여 혼자 있는고?"

김유신은 급히 허리를 굽혀 절을 하고, "예, 저는 신라 화랑 김유신이라고 합니다. 어르신께서는 누구신지요?" "나는 난승이라오. 그저 인연 닿는 대로 떠도는 늙은이라오." 얼핏 보아도 신성처럼 여겨지는 풍채가 훌륭한 노인이었다.

"저는 학문과 무술을 연마하려고 이곳에 와 있습니다. 바라옵건데 어르신께서 제 뜻을 가엾게 여기시어 가르침을 주시면 감사하겠습니다."

난승 노인은 김유신이 어린 나이인데도 삼국통일의 꿈을 품고 있는 것을 듣고 그에게 무술과 정신교육을 시켰다. 그 노인은 자기에게서 배운 무술을 아무에게나 함부로 전해서는 안 되며, 배운 것을 반드시 의롭게 써야 한다고 강조했다. 김유신에게 무술을 다 전수하고 나서 난승 노인은 홀연히 사라졌다.

김유신은 가야 출신으로 신라 왕족과 가깝게 지내는 것이 중요하다고 생각하고 왕족 출신인 김춘추와 가까이 지냈다. 신라의 삼국통일에 김유신과 더불어 큰 공을 세운 사람은 바로 태종무열왕 김춘추다. 김유신은 장차 큰일을 도모하기 위해 선택한 인물이 바로 김춘추였다. 김춘추는 진지왕의 손자이자 선덕여왕의 조카다. 그러나 진지왕이 폐위되었기 때문에 왕족이면서도 왕의 계승권이 없는 진골이었다. 그런 그가 성골聖骨이 아닌 왕족으로는 최초로 왕위에 오를 수 있었던 배경에는 김유신이라는 든든한 실력자가 버티고 있었기 때문이다.

김유신은 자기 누이동생 김보희와 김문희 중 한 사람과 김춘추가 사귀도록 계획을 꾸몄다. 어느 날 김유신은 김춘추를 자기 집에 초대하여 축구놀이를 하면서 일부러 김춘추의 옷고름을 밟아 떨어지게 하여 자기 누이들이 있는 곳으로 김춘추를 데리고 가서, 먼저 큰언니 보희에게 옷고름을 잘 손질해 오도록 하였으나, 보희는 부끄러워 거절했다. 그래서 유신은 동생 문희에게 부탁을 했다. 문희는 아무렇지도 않다는 듯이 김춘추의 저고리를 받아서 깨끗이 손질을 해서 갖다 주었다. 김춘추는 첫눈에 문희에게 반했다.

김춘추는 수시로 김유신의 집을 드나들면서 문희와 사귀었다. 그러다가 문희는 김춘추의 아기를 임신하게 되었다. 바라던 일이었지만 막상 아기를 갖게 되니 김유신의 걱정이 이만저만이 아니었다. 김춘추가 하루 빨리 문희를 아내로 데려가야 할 터인데 시간만 흘려보내고 있었기 때문이었다. 문제는 왕족은 왕족끼리 혼인을 하는 법인데 문희는 왕족이 아니었다.

김유신은 덕만 공주(선덕여왕)가 왕족과 신하들을 데리고 남산에 오른다는 소식을 듣고 작전을 세워 장작을 쌓고 그 위에 누이동생 문희를 눕히고 불을 붙이려고 한 것이다. 처녀가 아기를 배었으니 가문의 수치라고 말하며 문희를 장작 위로 올라가라고 명령했다. 문희는 눈물을 흘리며 장작더미 위로 올라갔다.

남산 위에서 서라벌을 살펴보던 덕만 공주는 검은 연기가 솟구치는 것을 보고, 무슨 연유인지 알아오라고 하여, 김유신이 아기를 밴 누이동생을 장작불에 태워 죽이려고 한다는 것을 알았다. 덕만 공주는 김춘추와 김문희가 사귄다는 소문을 알고 있었다. 덕만 공주는 옆에 있는 김춘추에게 "춘추공은 지금 빨리 달려가서 중지시키지 않고 무얼 하고 있소!"라고 말하자. 김춘추는 급히 말을 타고 가서 덕만 공주의 명령이라고 불을 끄라고 말했다. 김유신은 자기 동생에게 "그래도, 네가 운이 좋구나!"라고 말하며 장작더미에서 내려오라고 말했다. 그로부터 얼마 후에 김춘추와 김문희는 혼례식을 올렸다.

642년(선덕여왕 11년), 백제는 군사를 일으켜 신라의 여러 성을 공격했다. 이때 신라의 대야성(지금 합천)이 함락되면서 성주인 김품석이 전사하고, 그의 부인인 고타소도 함께 죽었다. 그런데 고타소는 김춘추가 첫째 부인 보량과의 사이에서 낳은 딸이었다. 김춘추는 원통해서 딸과 사위의 원수를 갚겠다고 다짐했다. 그러나 신라의 전력만으로는 백제를 공략하는 일이 쉽지 않았다. 이에 김춘추는 스스로 고구려에 원병을 청하러 가겠다고 나섰다.

고구려로 떠나기 전에 김춘추는 김유신을 찾아갔다. 김유신은 만약 김춘추가 고구려에서 불행한 일을 당하게 되면, 군사를 일으켜 그 원수를 갚겠다고 약속을 했다. 김춘추가 고구려에 가서 고구려왕에게 백제를 공격할 수 있도록 군사를 내어 줄 것을 요청했다. 그러나 이미 백제와 동맹을 약속한 고구려가 그 청을 들어 줄 수 없다고 말했다. 고구려왕은 오히려 원래 고구려 땅인 마목현과 죽령을 돌려주면 군사를 내어주겠다고 했다. 김춘추가 이를 거절하자 고구려왕은 그를 감옥에 가두었다.

한편 60일이면 돌아올 것이라던 김춘추에게서 소식이 없자 김유신은 정예부대를 조직해서 고구려를 향해 출병했다. 이러한 소식은 신라에서 활동 중인 고구려 첩자들에 의해 곧바로 고구려 조정에 전해졌다. 김유신의 부대와 상대해서 전쟁을 치르는 것이 부담스러웠던 고구려는 김춘추를 풀어주었다. 어차피 김춘추를 붙잡아 두고 있어야 고구려에 이득이 될 일도 없었다. 그러나 이 일은 신라와 당나라와의 연합을 부추겼고, 결과적으로 백제와 고구려가 멸망에 이르는 실마리를 제공하게 되었다.

김춘추와의 결속으로 힘을 얻은 김유신은 압량주 군주를 거쳐, 644년(선덕여왕 13년) 상장군이 되었다. 그는 계속되는 백제와의 전투에서 연이어 승리를 거두면서 전쟁 영웅으로 거듭났다.

647년 (선덕여왕 16년)에 성골 출신의 상대등 비담이 염종과 함께 난을 일으켰다. 비담은 여자가 왕 노릇을 하니 이웃나라에서 얕보고 계속 침략을 일삼고 있다고 말했다. 다시 말하면, 여자는 나라를 다스릴 자격이 없다고 말하면서 반란을 일으켰다. 하지만 김유신은 그것을 용납할 수 없었고, 반란군과 맞싸워서 반란군을 진압하고, 김유신은 비담을 바로잡아 목을 베었다. 그리고 비담과 함께 반란을 일으킨 무리들을 처단하고 나머지 병사들을 풀어주었다.

상대등 비담이 반란을 일으킨 동안 선덕여왕이 승하하고, 그 뒤를 이어 왕족 중 유일하게 남은 성골인 진덕여왕이 임금 자리에 올랐다. 그러나 신라의 실제적인 권력은 이미 이찬(신라의 17등급 중 두 번째에 해당하는 지위) 김춘추와 대장군 김유신에게 있다고 해도 과언이 아니었다.

648년(진덕여왕 2년), 김유신은 백제에게 뺏긴 대야성을 되찾기 위해 군대를 이끌고 나갔다. 지난 번 전투에서 목숨을 잃은 김춘추의 딸과 사위인 김품석의 원수를 갚고자 함이었다. 김유신이 이끄는 신라군은 백제 장군 8명을 생포하고 1000명에 이르는 백제군을 섬멸하는 등 큰 승리를 거두었다. 김유신은 백제 장군 8명과 적진에 묻혀있는 김품석과 고타소의 유골과 맞교환해서 김춘추의 한을 풀어주었다. 또한 승세를 몰아 백제의 악성 등 12성을 함락시키고, 그 공으로 이찬과 상주항군대총관의 지위를 얻었다. 이어서 전례 등 9성을 공격해 승리를 거두었고, 이듬해에는 신라의 석토성 등 7성을 침략한 백제군을 물리쳤다.

654년(진덕여왕 8년)에 진덕여왕마저 후사 없이 죽자 김춘추가 왕위를 이었다. 신라 역사상 첫 번째 진골 출신 왕이 탄생한 것이었다. 처음엔 여러 신하들이 상대등인 알천에게 섭정을 요청했다. 그러나 알천은 이를 거절하고 이찬인 김춘추를 추천했다. '덕망이 두터워 실로 세상을 다스릴 영걸'이라는 것이 추천의 이유였다. 김춘추 역시 사양을 거듭 하다가 마침내 수락했다. 이처럼 알천이 왕위를 김춘추에게 양보한 데는 김유신의 적극적인 지지가 크게 작용했다. 김춘추는 신라 29대 왕으로 태종무열왕이 되고, 김유신의 누이동생 김문희는 왕비가 된 것이다.

고구려와 당나라를 오가며 힘겨운 줄다리기 외교를 펼치던 김춘추가 마침내 왕이 되어 두 어깨에 날개를 달았다. 무열왕은 태자 김법민과 김유신에게 일백척의 배를 내주어 군사들을 태우고 당나라에 가서 소정방을 만나라고 했다.

"장군, 마침내 삼국통일을 할 기회가 온 것 같소! 장군에게 모든 군권을 줄 터이니 우선 백제부터 치도록 합시다!"

"전하의 분부대로 백제, 고구려를 차례로 멸망시켜 삼국을 통일하겠나이다.!"

태자와 김유신은 배를 타고 당나라로 가서 소정방을 만났다. 소정방은 이렇게 말했다.

"나는 뱃길로 갈 테니 태자는 뭍길로 가서 7월 1일에 백제 사비성에서 만납시다."

소정방이 이끄는 당나라 군사 13만 명은 배를 타고 황해를 건너오기로 하고, 김유신 장군은 5만 명을 이끌고 황산벌로 진격을 했다. 그러나 계백장군이 이끈 결사대로 말미암아 바로 진격을 할 수 없었다. 신라군은 흠순장군의 아들 반굴과, 품일장군의 아들 관창, 두 화랑의 희생으로 신라군은 두 어린 화랑의 죽음을 헛되이 할 수 없다고 하면서 진격하여 백제의 결사대 5천 명을 무찌르고, 계백장군은 신라군과 끝까지 싸우다가 장렬하게 죽었다.

황산벌 전투가 너무나 치열해서 신라군은 당나라군과 만나기로 한 약속을 하루 어기고 말았다. 당나라 장수 소정방이 책임 추궁을 할 때, 김유신장군은 황산별의 전투가 너무 치열해서 하루 늦어졌다고 애기할 때 소정방은 한 걸음 물러서지 않을 수 없었다. 나당 연합군의 공격으로 사비성이 함락되고, 660년 7월 18일, 의자왕이 스스로 웅진성을 나와 항복함으로써 백제는 마침내 멸망하고 말았다.

661년(태종무열왕 8년), 태종무열왕이 삼국통일의 대업을 목전에 두고 죽었다. 그의 뒤를 이어 태자 김법민이 왕위에 올라 제 30대 문무왕이 되었다. 이때 고구려 정벌에 나선 소정방이 지원군을 요청했다. 신라는 아직 상중이었지만 당나라 군대의 요청을 거절할 수 없었다. 김유신은 군대를 이끌고 나갔으나 고구려군의 저항에 막혀 평양성

가까이 갔으나 더 이상 나아갈 수 없었다. 김유신은 부하 열기를 불러 "그대는 고구려군의 경계를 뚫고 가서 소정방 장군에게 식량이 도착했다고 알려라." 열기는 장사 구근 등 용감하고 힘센 병사 10여 명을 뽑아 고구려 사람으로 위장해서 어둠속을 떠났다. 열기는 그날 밤에 소정방 장군에게 김유신 장군이 군량미를 가지고 평양성 근처에 도착했음을 알렸다. 소정방은 어찌나 고생을 했던지 식량을 받자마자 당나라로 돌아갔다. 이에 김유신은 제대로 싸워보지도 못하고 그대로 돌아왔다. 이때 김유신의 나이는 69세의 고령이었다.

668년, 문무왕의 동생 김인문이 이끄는 27만의 신라군과 이적, 설인귀가 이끄는 당나라 군사 50만이 고구려의 평양성을 촘촘히 에워쌌다. 대군의 협공에 질린 보장왕과 남산은 성문을 열고 항복했지만, 남건은 끝까지 나.당 연합군과 맞서 싸웠다. 결국 남건은 포로로 잡혀 당나라로 끌려갔다.

이로써 668년 9월 26일, 고구려는 멸망하고 역사의 뒤안길로 사라지고 말았다.

고구려의 패망소식을 들은 김유신은 병석에 누웠던 몸을 일으켜 세워서 집 마당에 정갈한 자리를 마련하고 하늘과 산천에 절을 올렸다. "감사드리나이다. 하늘이시여! 드디어 우리 신라의 오랜 소망이었던 삼국통일이 이루어졌나이다." 김유신은 고구려 멸망 후 삼국통일에 기반을 닦은 공을 인정받아 대각간보다 한 단계 더 높은 태대

각간에 봉해졌다.

김유신은 673년(문무왕 13년) 봄에 병석에 눕게 되었다. 문무왕은 몸소 문병하고 눈물을 흘리면서 걱정했다. "과인에게 경이 있는 것은 고기가 물속에 있는 것과 같소, 그런데 만약 경에게 불운한 일이 생기다면, 이 나라는 어떻게 되겠소?"

김유신은 마치 유언을 남기듯 차분하게 말했다.

"나라를 위해 신이 한 일이 별로 없습니다. 대왕께서 인재를 골라 쓰시고 백성을 지극히 사랑하셔서 통일이 이루어졌고, 백성은 태평성대를 누리고 있습니다. 예부터, 일을 이루기보다 지키기가 어렵다고 하였습니다. 대왕께서는 부디 간신과 소인을 멀리하시고 어진 신하를 가까이 하십시오. 그러면 신라의 사직이 오랫동안 찬연히 빛날 것입니다."

그해 7월 1일, 삼국통일의 위대한 업적을 이룬 김유신은 79세로 그 빛나는 생애를 마쳤다. 문무왕은 "김유신장군의 묘를 왕릉처럼 크게 만들고, 모든 장례 절차를 궁궐의 법도에 따라 성대히 치르도록 하라."고 명령했다. 그리고 채색비단 1천 필과 벼 2천섬 그리고 고취수 1백 명을 보내어 장례를 성대히 치르도록 했다. 835년(흥덕왕 13년)에는 흥무대왕으로 추봉되었다. 살아서도 신하로서 누릴 수 있는 최고의 권리를 누렸던 김유신은 죽어서도 왕으로까지 추봉되는 영광을 누렸다. 이는 역사적으로 유일무이한 일이다.

루드위그 반 베토벤

(Ludwig van Beethoven : 1770-1827)

베토벤은 1770년 독일 북서부의 도시 본에서 태어났다. 그의 아버지는 쾰른 지역 선제후 궁정 합창단의 테너 가수였고, 그의 할아버지 또한 쾰른 선제후의 궁정 합창단에 입단하여 음악 감독까지 역임했던 인물이었다. 베토벤은 아버지 요한 판 베토벤과 어머니 마리아 마크달레나 사이에서 태어났다. 음악가의 집안에서 태어난 베토벤의 유년기는 비교적 넉넉한 환경에서 음악을 접하며 살았다. 하지만 1773년 할아버지가 별세하고 아버지는 알코올 중독에 빠지게 되어 집안은 가난하게 되었다. 아버지는 그 시대 음악의 천재로 한참 이름을 날리고 있던 모차르트의 음악적 명성에 자극을 받아 견문을 넓히는 여행을 떠나는 대신 베토벤을 가난한 현실에 알맞은 혹독한 교육으로 음악을 가르치고자 했다.

베토벤의 아버지는 자신의 이 '놀라운 아이가 많은 부를 가져다 줄 것이라'는 꿈을 갖고 있었다. 그는 베토벤의 행복보다는 돈과 그 돈으로 살 수 있는 술을 더 좋아하는 듯했다. 그는 새벽녘에야 비틀거리며 집으로 돌아와서는 잠자는 아이를 깨워 피아노 앞으로 끌어내어 동틀 때까지 연습을 강요했다. 연습을 하는 동안 잠이 덜 깬 아이가 음을 틀리게 연주하면 몇 대 쥐어박는 것도 다반사였다.

아버지의 거친 행동이 베토벤에게 음악을 증오하도록 만들지 않은 것이 놀랄 정도였다. 아마도 그것은 이 시기를 거치는 동안 용기를 잃지 않도록 도와 준 자상한 어머니 때문인지도 모른다. 그러나 그가 열일곱 살이 되었을 때 어머니는 세상을 떠났다. 아버지는 즉시 어머니의 옷가지를 팔아 더 많은 술을 마셨다.

베토벤은 깊은 상실감에 빠졌다. 이제 그의 어린 두 동생을 돌볼 사람이 없었다. 모든 문제를 자기가 떠맡게 되자, 그는 동생들을 부양하기 위해 왕자에게 아버지의 봉급 중 절반을 자신에게 지불해 줄 것을 요청하였다. 그의 요구는 바로 받아들여졌다. 그 후 아버지가 궁전에서 쫓겨나자, 그가 가장이 되었다. 그는 평생 동안 동생들이 말썽을 피우고 그에게 극심한 고통을 주었음에도 불구하고 그들을 잘 보살폈다.

베토벤은 작곡가이기 이전에 매우 뛰어난 피아니스트였다. 그는 음과 음 사이를 연결해 선율의 흐름을 강조하는 방식으로 피아노를 연주했는데, 이 같은 레가토 연주법은 오르간 연주법에서 비롯된 것이다. 그의 피아노 연주 스타일은 체르니를 거쳐 리스트로 전수되었다. 작곡가 이그나츠 자이프리트는 그의 피아노 연주에 대해 '신비스러운 산스크리트어'와 같다고 표현했다.

그의 독특한 피아노 연주는 즉흥연주에서 단연 돋보였다. 즉흥연주는 기교는 물론 즉석에서 곡을 만들어내는 풍부한 상상력과 창조력이 뒷받침되어야 가능한 것으로 그는 빈의 피아니스트들 중에서도 즉흥연주의 일인자였다.

빈은 파리나 런던 등 유럽의 다른 도시에 비해 대중을 위한 공공 음악회 무대가 드문 편이었고, 귀족의 저택에서 열리는 살롱 음악회가 활성화되어 있었다. 그러므로 빈에서 활동하는 음악가라면 귀족들의 살롱에서 인정받는 것이 매우 중요했다. 다행히도 그는 일찍이 고향 본에서부터 브로이닝 가문의 살롱 음악회를 통해 귀족들의 문화에 익숙했기 때문에 빈에서도 자연스럽게 적응할 수 있었다. 그는 현란한 피아노 연주로 빈 귀족들을 사로잡았고, 그들의 비호 아래 시대를 앞서나간 전위적인 작품들을 발표하여 자신만의 음악세계를 구축해 나갔다.

열일곱 살이 되어 베토벤은 프란츠 선제후의 후원으로 빈으로 가서 모차르트에게서 음악을 배울 기회를 얻었다. 당시 모차르트는 31세였고, 베토벤은 17세였다. 베토벤이 그의 앞에서 피아노 연주를 하자 그는 연습해온 곡이라고 생각하고 별로 관심을 보이지 않았다. 그러자 베토벤은 즉흥곡 주제를 달라고 했다. 그가 주제를 한 소절 주자 베토벤은 멋진 즉흥곡을 연주해냈다. 그러자 그는 이렇게 말했다. “이 아이를 지켜보십시오. 언젠가는 세상을 깜짝 놀라게 할 것입니다.”라고 말했다. 그는 베토벤의 피아노 즉흥연주를 듣고 베토벤이 “위대한 인물이 될 것”이라고 그의 앞날을 예견했다. 그러나 갑자기 어머니가 세상을 떠나게 되어 천재와의 만남은 더 이상 지속되지 않았다. 어머니가 세상을 떠나자 아버지는 거의 매일 밤 술에 취해서 돌아왔다. 따라서 맏아들인 베토벤이 집안과 두 동생을 부양해야만 했다. 얼마 뒤에 그는 궁정 예배당의 오르간 연주자로 들어가게 되었고, 특히 총리의 미망인인 요제프 존 브로이닝 부인의 네 아이의 음악 선생을 담당하여 유력인사들과 친분을 쌓았다.

1792년, 베토벤은 음악의 중심지인 빈으로 가서 피아노 즉흥연주 시합을 통해 탁월한 피아니스트로서 두각을 드러내며 최상류층 귀족들의 주목을 받았다. 그리하여 새로운 후원자 리히노르스키 후작의 도움을 받았다. 즉 그는 후작의 집에 머물면서 매년 600플로린을 지불받았다.

1792년 11월부터 하이든의 작곡 레슨을 받기 시작하여 1794년 1월까지 14개월 동안 레슨을 받았다. 그는 ‘거장 하이든의 제자’란 타이틀로 빈 음악계의 주목을 받는 유리한 고지를 차지했다. 그는 하이든에게 배운 것은 '주제를 정교하게 발전시키는 방식, 짜임새 있는 작품구성, 소나타와 협주곡에서 들어나는 교향학적 원리, 허를 찌르는 표현으로 웃음을 자아내는 유머,' 등이다.

1795년, 그는 빈에서 첫 연주회를 열었고 손수 작곡한 <피아노 3중주곡>을 연주해 빈의 귀족들과 시민들을 탄복시켰다. 그의 천재성에 대한 소문은 차츰 퍼졌다. 빈의 시민들은 음악을 사랑했다. 그들은 가능할 때는 언제든지 그의 음악을 듣기 위해 모여들었다. 그는 1795년에 연달아 음악회를 열었는데, 그 중 한 번은 모차르트 미망인과 아이들을 위해서였다. 그의 성공은 보장된 것처럼 보였다. 이후 수년 동안 그는 작곡하고 여행하고 연주회를 열면서 위대한 음악가로 성장해 나갔다.

음악가로서 명성을 얻기 위해서는 연주여행이 필수적이다. 작곡가로서 명성을 얻기 전 경제적으로 궁핍한 생활을 하던 베토벤으로서는 연주여행을 꿈꿀 수 없었다. 다행히도 리히노프스키 후작의 후원을 받아 프라하, 드레스덴, 라이프치히, 베를린 등으로 연주여행을 떠날 수 있었다. 그는 특히 프라하와 드레스덴에서 놀라운 연주를 선보이며 음악가로서의 명성을 높여나갔다.

1796년 어느 날 베토벤은 여느 때처럼 열심히 작곡을 하고 있었다. 그런데 작곡에 방해가 될 만큼 귀에서 윙윙거리는 소리가 들려왔다. 베토벤은 몇 번이나 작곡을 멈추고 머리를 흔들어보았으나 윙윙거리는 소리는 멈추지 않았다. 그는 이 윙윙거리는 소리를 대수롭지 않게 생각했다. 그러나 그의 귀에서 나는 소리는 점점 커졌고 귀울림까지 생겨 작은 소리를 듣는 것이 힘들어졌다. 그는 이상한 느낌이 들어서 몰래 이비인후과 의사에게 찾아가서 치료를 받았지만 효과가 없었다. 그는 귀가 잘 들리지 않는 것을 숨기기로 했다. 그러면서 자연스럽게 사람들을 멀리하게 되어 외로움에 빠지곤 했다.

베토벤은 그 후에도 여러 의사들을 찾아가서 귓병을 치료해 보려고 했다. 하지만 의사들조차 그 원인을 알지 못했다. 귓병은 점점 더 심해졌다. 이제 극장에서 오케스트라가 연주하는 무대 바로 앞좌석에 있지 않으면 배우가 하는 말을 듣지 못할 정도였다. 그보다 조금 더 떨어져 있으면 악기와 사람의 목소리가 전혀 들리지 않았다.

18세기만 하더라도 오페라의 서곡처럼 일종의 기능 음악으로 여겨졌던 고향곡은 점차 독립적인 음악으로 발전해갔다. 널리 알려진 교향곡의 형식은 하이든이 정립한 것으로 소나타 형식의 1악장, 느리고 서정적인 2악장, 3박자의 미뉴에트로 이루어진 3악장, 빠르고 경쾌한 4악장으로 구성되어 있다.

베토벤은 하이든의 교향곡 형식을 계승하면서도 더욱 풍부하고 극적인 음악으로 발전시켰다. 그는 1790년대 중반부터 교향곡을 작곡하기 시작했으며, 평생에 걸쳐 아홉 곡을 썼다. 하이든이 완성한 교향곡의 10분의 1, 모차르트의 4분의 1에도 미치지 못하는 숫자이지만, 그가 남긴 아홉 개의 교향곡은 형식적인 면에서나 내용적인 면에서 교향곡의 역사를 바꾸어놓았다고 해도 과언이 아니다. 그는 인간의 위대한 정신세계를 교향곡으로 구현하려 했으며, 그의 교향곡은 개별 작품마다의 완성도뿐만 아니라 그의 평생 동안 추구한 예술이 점차 발전해 가는 양상을 보여주고 있다.

1800년 4월 2일, 빈의 부르조에서 열린 음악회에서 베토벤은 하이든과 모차르트의 작품과 함께 자신이 작곡한 <7중주>와 <교향곡 1번>을 나란히 무대에 올려 스스로가 하이든과 모차르트의 계보를 잇는 음악가임을 나타냈다. 이 음악회의 성공으로 그의 명성이 높아지고 그의 팬들이 늘어남에 따라 비평가들의 평가도 달라지기 시작했다.

1801년 그는 열일곱 살의 스여줄리에타 주치아르디와 사랑에 빠졌다. <제 4번 피아노 소나타 월광>은 그들의 사랑을 노래한 작품이다. 그러나 주치아르디는 2년 후에 그를 떠나 어느 백작에게로 결혼해 가버렸다.

1802년, 베토벤은 빈에서 멀지 않은 조용한 시골인 하인리겐슈타트에 가서 작곡하기 시작했다. 그곳에서 <제 2번 교향곡>이 완성되었다. 그러나 귓병이 악화되어 심한 고통에 시달렸고, 자신의 비참한 신세와 불행을 참을 수 없었다. 마침내 그는 죽기로 결심하고 마지막으로 동생들에게 '하일리겐슈타트의 유서'라고 불리는 편지를 썼다.

> 동생 칼과 요한에게,
>
> 나는 너희들에게 작별을 고하기 위해 이 글을 쓴다. 정말 슬프구나. 나는 희망을 가지고 이곳에 왔었는데..... 어느 정도는 치유되리라는 희망을 가졌는데 말이야. 그런데 이제 그 희망을 포기해야 할 것 같구나. 가을의 나뭇잎이 떨어져 시들어 버리듯 내 희망도 시들어 버렸단다. 이제 모든 희망은 사라졌어. 아아, 신이시여 나에게 하루의 기쁨을 허락해 주소서.

다행스럽게도 베토벤은 유서를 작성한 후에 죽음을 택하지 않았다. 이 유서는 수신인인 동생들에게 전달되지 않은 채 사후 그의 책상 서랍에서 발견되었다. 그는 죽음을 선택하지 않은 이유를 다음과 같이 설명했다.

> 죽음을 저지해 준 것은 오직 예술뿐이었다. 나에게 걸머지워졌다고 느껴지는 이 사명을 완수하기 전에는 이 세상을 버리지 못할 것이라고 생각했던 것이다. 그리하여 나는 이 비참한 생명을 부지하기로 했다. 아, 참으로 비참한 생명이다.

베토벤이 절망을 극복하는 방법은 오직 작곡에만 매진하는 것이었다. 그는 죽음을 결심할 정도로 절망에 빠졌지만 이를 극복하기 위해 이전과는 전혀 다른 새로운 작곡에 몰두했다. 그가 그 깊은 절망의 늪에서 빠르게 빠져나올 수 있었던 것은 순전히 장애에 맞서 피나게 노력하고 도전한 덕분이었다. 귀가 전혀 들리지 않는데도 음악을 작곡하는 위대한 음악가! 그것이 바로 베토벤의 영웅다운 모습이다.

'청각장애'의 절망을 극복하고 나서 베토벤의 음악은 크게 달라졌다. 그의 작품들은 강하고 남성적으로 변했다. 이 남성성은 작품 중간 중간에 등장하는 지극히 서정적인 악보들로 더욱 강조되고 있다. 이 시기의 특징은 작품에 대한 강열한 집중과 역경에 대한 승리의 정신으로 집약될 수 있다. 이른 바 '영웅주의'라는 것으로, 그 때문에 이 시기를 '영웅의 시기'라고 했다. 그의 작곡 인생의 제 2기인 것이다. 대표적인 걸작들이 쏟아져 나온 명실상부한 그의 전성기다.

베토벤은 운명을 극복해가는 영웅에 관한 음악도 작곡했다. 가슴 가득히 울려 퍼지는 영웅에 대한 그 음악을 바로 자신의 삶에 바치는 것이었다. 그의 대표작인 교향곡 <영웅>, <운명>,< 피아노협주곡 5번 황제> 등을 들어보면 위풍당당한 영웅의 이미지를 떠올리게 하는 강한 에너지를 느낄 수 있다. 그 힘찬 음악은 정신을 고양시키며 강한 활력으로 청중을 사로잡는다. '영웅주의 음악'은 흔히 그의 작품세계를 특징짓는 단어이지만, 이런 스타일의 음악들이 집중적으로 쏟아져 나온 것은 그가 자살 위기를 극복한 이후 약 6년 동안이었다.

음악계에서 귓병은 죽음을 생각하게 할 정도로 매우 굴욕적이고 절망적인 것이다. 그런데도 그는 죽음의 순간에 내면에 있는 뜨거운 예술혼을 일깨워 고통과 절망을 독창적인 음악으로 승화시켰다. 이 시기에 작곡한 작품으로는 <교향곡 5번 운명>, <교향곡 6번 전원>, <피아노 협주곡 5번 황제>, <바이올린 협주곡> 등이 있다.

베토벤의 교향곡 5번은 원래 표제가 붙지 않은 음악이었다고 한다. 그러니까, 그냥 <교향곡 5번>이란 얘기다. 그의 제자이자 <베토벤의 생애>를 저술한 신틀러가 1악장 도입부의 의미를 물었다. 그러자 그가 "운명은 이렇게 문을 두드린다"라며 친절하게 몸짓까지 보여주었다고 한다. 그래서 <운명 교향곡> 이라는 별칭이 붙게 되었다고 한다. '운명'이란 표제가 붙든 말든, 그는 분명 '운명'을 노래한 것이 맞다고 생각한다.

1806년, 베토벤은 다시 주치의 아르디의 사촌인 요제핀과 사랑에 빠졌다. 두 사람은 그해에 약혼까지 했으나 그들의 사랑은 겨우 4년 동안 지속되었을 뿐이었다. 요제핀도 그를 떠나고 말았다. 다시 실연의 아픔을 겪은 그는 더욱 실의에 빠졌고, 행동도 더욱 난폭해졌다.

베토벤은 귀가 아예 들리지 않게 된 후기에는 연주활동을 할 수가 없었다. 일상의 대화는 불가능해서 수첩에 글을 적어 의사소통을 했다. 이 시기에 <교향곡 9번 합창>, 그리고 <현악 4중주곡> 등을 작곡했다.

1812년, 가장 리드믹컬한 교향곡으로 꼽히는 <교향곡 7번 A장조>를 작곡하고, 이어서 이 곡과는 대조적인 고전적이고 풍자적인 성격의 <교향곡 8번 F장조>발표하여 새로운 음악 스타일로 변화를 실험했다.

평생을 독신으로 살았던 베토벤은 동생 카를이 1815년에 세상을 떠나자 제수의 행실과 성격을 비난하는 청원서를 지방법원에 제출하여 조카 카를에 대한 단독 후견권을 받아내는데 성공했다. 그는 카를을 훌륭한 음악가로 만들려고 하고, 군인이 되고 싶은 카를은 베토벤의 교육방식을 싫어했다. 조카 카를만큼은 자신이 누리지 못한 고급교육을 받게 하고 싶었던 그는 과욕을 부렸다. 그는 귀족 자제나 상류 시민계급의 교육 프로그램을 참고하여 카를의 스케줄을 짰다. 카를은 그 스케줄을 싫어했으며 그는 모든 것이 그의 뜻대로 되지 않아 몹시 화가 났다.

<교향곡 9번>은 그의 모든 작품을 통틀어 가장 오랜 배태기를 거친 곡이자 베토벤이 관현악과 합창을 망라해 자신의 모든 역량을 동원한, 심지어는 <장엄미사>보다도 야심찬 시도의 산물이었다. 그는 젊은 시절 실러의 송시 <환희에 부쳐>를 접한 뒤에 '향연도 빠짐없이' 음악을 붙이겠다고 다짐했고, 1815년, 별이 쏟아지는 것 같은 밤

하늘을 바라보며 문득 섬광과도 같은 주제를 떠올린바 있으며, 1817년에는 의미심장한 도입부를 스케치했다.

1824년 5월 7일, '환희'와 '인류는 한 형제'라는 메시지를 담고 있는 <합창>이 빈의 케른트너토어 극장에서 공연되었을 때, 당시 청중들은 변화무상한 이 곡에 놀라움과 경외감을 느꼈다. 베토벤이 30년 가까이 구상하여 완성한 것으로 알려진 <합창>은 그가 청력을 완전히 상실한 상태에서 지은 작곡이자 그의 마지막 교향곡이다. 이 곡은 전체 4악장으로 구성되어 있고, 마지막 4악장에 성악 파트가 들어가 있는데, 기악 형식인 교향곡에 사람의 목소리가 들어간 방식은 베토벤 교향곡 이전에는 찾아볼 수 없는 독특한 구성이었다.

공연 프로그램의 전반부에는 <헌당식 서곡>과 <장엄미사>의 '키리에'와 '크레도', '아뉴스데이'의 세 악장이 연주되었다. 중간 휴식이 끝나고 공연 안내에 적힌 대로 '휘날레 악장에 독창과 합창단이 가세해 실러의 송시 <환희에 부쳐>를 노래하는 대교향곡'이 이어졌다. 당연한 이유로 베토벤은 직접 지휘봉을 잡진 못했지만 미하엘 움라우프와 함께 지휘대에 올라 각 악장의 템포를 잡고 있었다.

<교향곡 9번>의 연주가 끝나자 객석 전체가 기쁨에 열광하는 동안 베토벤은 자기 앞에 놓인 악보에 몰입한 채 관객에게는 등을 돌리고 서 있었다. 그때 독창자 가운데 한 명인 10대 콘트랄토 카롤리네 웅거가 베토벤의 외투 소매를 부드럽게 잡아 이끌었다. 비로소

뒤로 돌아선 베토벤의 눈앞에는 흥분을 주체하지 못한 관객들의 들리지 않는 외침이 펼쳐졌다. 귀머거리 음악가는 고개를 숙였고, 청중들의 눈에서는 눈물이 흘렀다.

1826년 7월 30일, 베토벤의 조카 카를은 바덴 근처에 있는 한 성의 폐허지에서 권총으로 자살 기도를 했다. 총알이 빗나가면서 겨우 목숨을 건진 그는 베토벤과의 사이에 벌어질 갈등을 피하기 위해 군에 입대해버렸다. 카를의 자살 기도 사건으로 베토벤은 하루아침에 파삭 늙은 노인이 되었다. 이로 인해 폐렴을 얻고 이듬해에는 간경변까지 앓게 되면서 그는 하루하루 쇠약해져갔다. 카를이 입대하기 전에 베토벤의 건강은 급격하게 나빠져서 거의 침대에 누워서 보냈으나 카를은 그를 찾아오지 않았다. 그 후 그는 건강이 더욱 악화되었고, 1827년 3월 27일 사망했다.

베토벤은 자신의 임종을 지켜주기를 그렇게 바랐던 카를은 끝내 오지 않았다. 하지만 그는 자신의 전 재산을 카를에게 상속했고, 카를은 베토벤으로부터 받은 유산으로 비교적 평탄한 삶을 살았다. 1827년 3월 29일, 2만 명이 넘는 빈의 시민들이 베토벤의 장례식에 모였다.

음악에서 베토벤의 업적은 후기 고전주의 시대 음악과 낭만주의 시대를 이어주는 교량역할에서 찾을 수 있다. 하이든과 모차르트로 이어지는 고전주의의 전통을 계승하고 열정과 자유를 표방하는 낭만주의 정신을 담아냈다. 또한 고전주의의 온상이라고 할 수 있는 귀족에 종속된 음악의 전통에서 벗어나 독립음악가로서 활동하며 개인의 주체성을 자각함으로써 음악의 낭만주의 정신으로 인도하고 있다.

그는 소나타 형식의 영역을 더욱 확대 발전시키고 교향곡, 협주곡, 현악 4중주로 이어지는 일련의 기악음악을 발전시켜 오페라로 특징지을 수 있는 성악의 그늘에서 완전히 벗어나 기악음악을 최상의 지위로 격상시키는 업적을 남겼다. 그는 전기 고전주의의 시대까지 남아있던 칸타타나 오페라, 오라토리오 같은 분야의 주도적 풍토에서 피아노 연주의 주도적 지위 향상에 큰 공헌을 했다.

마더 테레사

(Mother Teresa : 1910-1997)

마더 테레사의 본명은 아그네스 곤자 보야주이다. 그녀는 1910년 8월 26일, 오스만 제국 마케도니아의 스코파(현 마케도니아공화국의 스코예프)에서 태어났다. 부모는 알바니아 사람이었으며 생일 다음날인 27일에 세례를 받으면서 아그네스 곤자(Agnes Goncha)라는 세례명을 받았다. '아그네스'란 기독교 초대교회의 처녀 순교자의 이름이며, '곤자'는 알바니아어로 '꽃망울'을 뜻한다. 어릴 때, 아그네스는 언니인 아가, 오빠인 라자르와 함께 행복한 시간을 보냈다. 아버지 니콜라스 보야주는 알자니아계 카톨릭 신자로 건축업을 하면서 시참사회 의원으로 성공한 저명인사였다. 어머니 드라나필 역시 서민가정 출신이었다. 아그네스 가족은 넓은 정원이 딸린 커다란 집에서 살았다.

아버지는 남몰래 알바니아 독립운동을 하고 있었다. 그러던 어느 날, 집회에 참석하고 집에 돌아온 그는 피를 토하고 쓰러졌다. 누군가에 의해 독살당한 것이다. 설상가상으로 아버지의 동업자가 재산을 횡령해 가족들은 재산을 거의 상속받지 못했다. 하지만 어머니는 좌절하지 않고 자수 제품 가게를 꾸려가며 어린 3남매를 돌보았다. 아이들은 모두 교회에 부속된 초등학교를 거쳐 스코파의 짐나지움에 다녔다. 그리고 카톨릭 교회에 나가면서 성가대 활동도 하고 성지순례도 열심히 참여했다.

아그네스가 열다섯 살 무렵 얌브렌코비치 신부가 그녀가 속한 교구로 부임해왔다. 이 신부는 도서관을 만들어 아그네스가 고전 작품들을 읽는 계기를 마련해 주었으며, 선교사들이 보내온 편지를 젊은이들에게 읽어 주곤 했다. 아그네스의 마음속에 선교활동에 대한 꿈을 심어준 사람이 바로 얌보렌스코비치 신부였다.

일찍부터 하나님의 일꾼이 되어 가난한 사람들을 도와야 한다고 느끼고 있던 아그네스는 어떻게 하면 자신의 소명을 확신할 수 있느냐고 신부님께 물었다. 신부님은 '기쁨을 통해서'라고 대답했다. 하나님과 이웃을 섬기는 데서 깊은 내적 기쁨을 느낀다면 그것이 바로 소명의 증거라고 말했다.

아그네스는 열여덟 살이 되던 해에 수녀가 되기로 결심을 굳히고 어머니에게 이 사실을 알렸다. 가족들은 처음에 그녀의 결심을 받아들이지 못했다. '나의 작은 꽃망울은 이제 겨우 18세가 되었을 뿐 아닌가?' 어머니는 자기 방에 들어가 문을 닫고 하루 낮밤을 침묵 속에 지냈다. 기도로 밤을 지샜는지도 모르고, 통곡하였을지도 모른다. 어머니가 모습을 나타냈을 때, 어머니의 얼굴에서는 이미 개인적인 감정을 찾아볼 수 없었다. 어머니는 딸이 자기로부터 떠나기 위한 준비를 거들고 있었다. 그리고 이렇게 말했다. "너의 손을 주님의 손 속에 놓고 항상 주님과 함께 걸어가도록 하여라." 어머니의 이 말은 딸의 마음속에 깊이 새겨졌다.

한편 오빠 라자로에게 있어서도 여동생의 결심은 너무나 큰 충격이었다. 그는 당시 21세로 중위로 임관하여 알바니아 왕 측근으로 일하고 있었다. 라자로는 편지를 썼다. "도대체 왜 아름다운 소녀가 즐거운 삶을 저버리고 머나먼 나라에 가려하는가?"라고 썼는데, 동생으로부터 해답에는 다음과 같이 적혀있었다. "오빠는 백만 명을 통치하는 왕을 위해 일하지만, 나는 전 세계의 왕을 위해 일하려는 거예요."

이렇게 하여 1928년 10월, 아그네스는 아일랜드 더블린에 있는 로레토 수도원 본원으로 들어가 6주 동안 영어와 수도회 규칙을 익혔다. 그리고 그해 12월, 선교를 위해 인도 캘커타로 갔다. 그 후 캘커타 북쪽의 다질링에 있는 수도원에서 수련생활을 한 후, 스물한 살 때 서원을 하고 수도명을 '테레사'로 정했다. 아그네스가 테레사 수녀로 다시 태어나는 순간이었다.

당시 영국은 수녀들을 교육시켜 식민지 인도로 파견했다. 테레사 수녀도 수녀원에서 교육을 받은 후 1931년 인도에 파견되었다. 당시 수녀들의 가장 큰 임무는 선교가 아니라 식민지에 가 있는 영국인들의 딸들을 가르치는 일이었다. 테레사 수녀는 캘커타의 중등교육 기관인 성마리아 학교에서 지리와 역사, 카톨릭 교리를 가르쳤다. 그녀는 학생들을 가르치는 일을 즐겼고, 학생들도 잘 따랐다. 서른네 살이 되던 해 교장이 된 그녀는 주말마다 학생들과 함께 거리의 극빈자들이나 병원을 찾아가 환자들을 위로했다.

세계 제2차 대전이 시작되면서 그렇지 않아도 노숙자들이 넘쳐나던 캘커타 거리는 더욱 더 흉흉해졌다. 기근까지 겹쳐 이 무렵 굶어 죽은 사람 수가 무려 200만 명에 이른다고 뱅골 주 정부가 발표할 정도였다. 1945년 제2차 세계대전이 끝날 즈음 인도에는 영국으로부터 독립하기 위한 움직임이 활발하게 일어났고, 힌두교도와 이슬람교도 사이의 갈등 또한 극에 달해 있었다.

결국 인도는 1947년 영국으로부터 독립할 때는 파키스탄과 인도로 나뉘게 되었다. 그리하여 대대적으로 국경을 넘는 종교적 이동이 벌어지고 그 때문에 더 많은 난민들이 넘쳐 났다. 테레사 수녀는 이런 끔찍한 상황의 한 가운데 있었지만, 수도원 담장 안에서 학생들을 가르치고 있었기 때문에 그런 일들과 무관한 생활을 할 수 있었다. 그러나 그녀의 마음속 깊은 곳에서 울려 퍼지는 가난한 사람들에게 봉사하라는 소명의 소리에 귀를 기울이며 때를 기다리고 있었다.

그러나 수녀원 안에서는 평생 지낼 것을 하나님께 약속한 터라 수녀원을 떠날 수는 없었다. 그래서 테레사 수녀는 2년 동안 교황에게 간곡히 청원하여 1948년에 드디어 인도의 빈민 거리로 나설 수 있었다. 그녀는 캘커타 거리에서 가난한 사람들을 돌보는 일을 시작했다. 그녀는 간호 지식의 필요성을 절감하여 의료 선교 수녀회의 도움을 받아 주사 놓는 법, 약품 취급 법, 치료 및 수술 돕는 법, 응급처치 법, 출산을 돕는 방법 등을 배웠다.

인도 사람들은 대부분 힌두교를 믿었다. 그들은 테레사 수녀가 가난하고 병든 사람들을 돌보는 것을 선교를 위한 행동이라고 생각했다. 테레사 수녀는 자신의 진심을 알리기 위해 검은 수녀복 대신 흰색 사리(인도 여성들이 입는 민속 의상)를 입고 인도 국적도 얻었다.

테레사 수녀가 처음 활동하던 당시에는 그녀를 곱지 않은 시선으로 보는 사람들도 있었다. 어느 날 그녀가 뱅골어를 할 수 있다는 것을 모르던 어떤 사람이 그녀 바로 앞에서 뱅골어로 "저 수녀는 힌두교도를 카톨릭으로 개종시켜 교인을 늘리려고 하고 있어."라고 비난했다. 그녀는 잠자코 듣고 있다가 "나는 인도인입니다. 인도는 나의 조국입니다."라고 그 사람에게 뱅골어로 대답했다. 그녀는 서른

아홉 살에 인도로 귀화했을 뿐만 아니라 마음속 깊이 모든 종교와 모든 사람들을 존중하는 마음을 가졌기 때문에 당당하게 말할 수 있었다.

물론 테레사는 카톨릭 신자였고, 가난한 사람들을 위해 헌신한 큰 동기는 하나님의 목소리를 들었기 때문이었다. 그러나 몸을 씻겨주고 밥을 나누어 주면서 만난 가난한 사람들의 따뜻한 마음도 봉사하는 활동을 계속하게 한 큰 힘이었다.

테레사가 겪었던 일화 중에 이런 일이 있었다. 어느 날 그녀는 아이가 8명이나 되는 힌두교 가족이 오랫동안 아무것도 먹지 못하고 있다는 소식을 듣고 쌀을 들고 찾아갔다. 그런데 그 어머니가 쌀을 절반으로 나누어 바깥으로 나가는 것이었다. 돌아온 어머니에게 어디에 갔었느냐고 물으니, 이웃에 이슬람교를 믿는 사람들이 있는데, 그들도 굶고 있어서 쌀을 나눠주고 왔다고 말했다. 그녀는 가난한 사람들의 이 소박하고 나누는 삶에서 깊은 감동을 받았다.

1946년 캘커타에서 대학살이 일어났을 때, 테레사는 힌두교도와 이슬람교도와의 처참하기 이를 데 없는 투쟁과 캘커타의 노상에서 신음하며 죽어가는 사람들의 무리와 시궁창에 던져진 시체들을 목격했다.

몇 달 후에, 묵상을 위해 '다아지린'이라는 곳으로 가는 열차 속에서 테레사는 하나님의 '사랑의 선교회' 창립의 영감을 받게 되었다.

그것은 모든 것을 바쳐 그분, 그리스도를 따라 슬럼가에 뛰어들어 가난한 사람들 틈에서 그분을 섬기라는 소명이었다. 그것은 지금까지의 로레토 수녀원을 나가 빈민굴에서 빈민과 더불어 생활한다는 것을 의미했다.

이렇게 하여 1949년, 교황 피오 12세로부터 '하나님의 사랑의 선교회'의 허락을 받고 새로운 수도회의 수도복으로 정한 청색 테두리가 달린 흰 사리를 걸치고 어깨에 작은 십자가를 달고 로레토 수도원을 떠났다.

캘커타의 거리에서 죽어가는 첫 번째 여인, 먼지와 침으로 더럽혀진 채 변사상태의 여인을 부둥켜안아 들었을 때, 테레사는 이 구제 사업이 수천수만으로 이어지는 일의 시작이라는 것을 깨닫지 못했다. 그 후 수십 년 동안 시궁창에서 짐승처럼 죽어가는 사람들의 행렬은 이어졌다. 그 빈민굴에서 그녀는 인간의 존엄성과 다른 사람으로부터의 존경이 모든 것을 박탈당한 사람들에게 그들이 하나님의 자녀로서 무한한 존엄성을 지니고 있다는 사실을 증명하려고 했다.

시간이 갈수록 테레사의 뜻에 따라 함께 일하겠다는 사람들이 늘어났다. 처음에 모인 사람들은 모두 그녀가 성마리아 학교에서 가르쳤던 제자들이었다. 이 수녀들은 오전에는 어린이를 가르치고, 오후에는 진료소에서 일하거나, 구호물품과 식량, 약품 등을 얻기 위해 돌아다녔다. 함께 일하는 사람들이 10명 정도 모였을 때, 테레사는 이들의 모임을 정식 수도회로 발촉시켰다. 회헌(회칙)과 모임 명칭도 정했다. 이들은 수도회 이름을 '사랑의 선교회'로 정했다. 회헌의 가장 중요한 요점은 '가난한 사람들 가운데서도 가장 가난한 사람들에게 마음을 다해 봉사한다.'였다. 여기서 가난한 사람들이란 단지 먹을 것, 입을 것이 없는 사람이 아니라, 사랑을 받지 못해 버려진 사람들을 의미했다.

1950년에는 사랑의 선교회가 교황청으로부터 정식 인가를 받은 뒤에 그 선교회의 총장을 마더(Mother)라고 부르기로 한 회헌에 따라 테레사 수녀를 마더 테레사라고 부르기 시작했다. 마더 테레사는 사랑의 선교회가 출발한 뒤에 가장 먼저 '죽어가는 사람들을 위한 집'을 열었다. 캘커타의 거리에는 죽어가는 사람들이 넘쳐났는데, 이들의 모습은 너무나 비참했다. 심지어 그녀는 거리에서 쥐와 개미들에게 몸을 반쯤 뜯긴 여인의 시체를 본 적도 있었다. 그렇기 때문에 그녀는 병원에서조차 받아주지 않던 사람들을 위해 마지막 순간만큼은 사랑의 손길 속에서 죽게 하고 싶었다.

마더 테레사는 당국에 눈물로 호소한 끝에 그녀는 제법 큰 공간을 얻어 그곳을 '죽어가는 사람들의 집'이라고 부르며 봉사활동을 시작했다. 상처에 구더기가 있는 사람, 결핵환자, 가장 낮은 곳에서 허덕이던 사람들의 몸을 씻겨주고 돌봐주는 일은 아무나 할 수 있는 것이 아니었다. 하지만 그녀는 그들을 진정으로 존경하고 그들에게 배울 것이 많다고 여겼기 때문에 오히려 배품을 받는 사람은 자기 자신이라고 말하곤 했다.

마더 테레사는 자기를 필요로 하는 사람은 죽음을 앞둔 사람들만이 아니라고 말했다. 그녀는 버림받은 아이들을 위해 '어린이들의 집'을 지었다. 그리고 손과 발이 문드러진 나병환자들을 위해 순회진료소도 만들었다. 진료소는 나병환자 공동체와 나병환자 마을로 발전해갔다.

마더 테레사의 활동 공간은 점차 인도를 넘어 전 세계로 확대되었다. 테레사가 쉰 살이 되던 해에 로마와 뉴욕을 방문해서 식품과 의약품, 기금 등을 지원받았다. 그리고 5년 후에는 베네주엘라의 코코로트에 최초로 사랑의 선교회 지회를 열었다. 사랑의 선교회는 세계 어느 곳에 세워지든지, 인도에서와 마찬가지로 구호활동을 위주로 했다.

1964년, 교황 바오로 6세가 국제 성체대회에 참석하기 위해 인도 봄베이에 왔다. 교황은 '버려진 채 죽어가는 사람들의 집'을 둘러보고 '사랑의 선교회'에 자신의 리무진을 기부했다. 테레사는 곰곰이 생각하여 그 답을 찾았다. 그 차를 팔아 나병환자들이 살 수 있는 '샨티나가르', 즉 '평화의 마을'을 만들기로 결심했다. 그리고 얼마 후에 나환자들은 치료는 물론 가족과 함께 지낼 수 있게 되었다.

마더 테레사는 1979년, 노벨평화상 수상자로 선정되었다. 이 소식을 들은 마더 테레사는 '노벨평화상이라고요? 난 그렇게 큰 상을 받을 자격이 없는데......하지만 가난한 사람의 이름으로라면 기꺼이 받아야지.'

테레사는 1979년 12월 9일, 노르웨이 오슬로 공항에 도착했다. 하얀 사리 위에 낡은 재킷을 입고 수녀 둘과 함께였다. 다음날 노벨 시상식장에서 노벨위원회 의장인 존 새너스는 "그녀가 하는 일의 특징은 개개인, 개인의 가치와 개인의 존엄성을 존중한다는 점입니다. 그녀와 그녀의 수녀들은 고독한 사람들, 도움을 받지 못하고 죽어가는 사람들, 내쫓긴 나병환자들을 진심어린 마음으로, 교만하지 않고 그리고 이들 개개인에게 예수에 대한 경외감을 느끼며 받아들였습니다."라고 마더 테레사의 수상 근거를 설명했다. 그녀는 인간 존엄성의 신성불가침이라는 입증을 통해서 평화를 아주 근본적인 방법으로 추구했기 때문에 노벨평화상을 받을 수 있었던 것이다.

마더 테레사는 노벨평화상을 받기 전에도 이미 '캘커타의 천사'로 많은 상을 받았다. 인도정부는 1942년부터 인도국민이 된 수녀원 창립자 테레사 수녀에게 파드마 슈리상(1962)을 수여했다. 인도에서 태어나지 않은 사람에게 이 상이 주어진 것은 처음 있는 일이었다. 또한 1971년에는 교황 바오로 6세는 마더 테레사에게 요한 2세상(첫 번째 평화상)을, 2년 뒤에는 필립 존 에딘버그 왕자는 종교진흥을 위한 템플턴상을 수여했다. 그리고 1975년에는 마더 테레사의 초상화가 세계 식량위원회의 메달로 선정되었다.

1983년 일흔세 살에 앓고 있던 심장질환이 악화되자 테레사는 사랑의 선교회 총장직을 내놓고 싶어 했다. 하지만 그러나 그녀는 1997년 3월까지 계속 선교회 총장으로 선출되었다. 그러다 3월 13일에 박애의 선교사절 수녀원은 거의 만장일치로 63세의 니르말라 수녀를 새 수녀원장으로 선출했다. 그녀는 인도 장교가정 출신으로 힌두교에서 카톨릭으로 개종한 여성이었다.

1997년 9월 5일, 병원에서 돌아온 테레사는 저녁식사를 마치고 자리에 누웠다. 그리고 조용히 기도했다. “하나님, 불쌍한 사람들에게 자비를 베풀어 주세요. 가난한 사라들에게 축복을.....”

테레사는 기도를 한 뒤에 영원히 눈을 감았다. 인도 국장으로 장례가 치러진 후에 마더 하우스에 묻혔다. 테레사 수녀는 입은 옷과 신고 있던 샌들, 성경만 가지고 인도로 갔는데, 세상을 떠날 때에도 무명옷 두 벌, 낡은 샌들 한 켤레, 십자가 세 개가 전부였다. 사후 교황 바오로 2세에 의해 시복되어 ‘캘커타의 복녀 테레사’라는 호칭을 받았다.

마리 퀴리

(Marie Curie : 1867-1934)

1867년 11월 7일, 바르샤바에서 다섯 명의 아이를 둔 한 가정의 막내딸로 태어난 마리 스콜로도브스카는 태어나는 순간부터 끊임없이 학생들과 교사들에게 둘러싸여있었다. 그녀의 아버지 블라디슬라우 스콜로도브스카는 고등학교에서 수학과 물리학을 가르쳤다. 어머니 브로니슬라바는 여학생 기숙사를 운영했다. 그녀의 가족은 기숙사 건물에서 살았다. 그래서 마리는 사실 여학생들이 보는 앞에서 태어났다. 아버지가 얼마 후 교사직 외에 장학사의 자리를 얻어 가족이 더 큰 집으로 이사했을 때, 어머니는 여학생 기숙사를 포기해야만 했다. 그렇지만 벌써 학교에 다니고 있던 네 남매는 그곳에 그대로 머물렀다. 브로냐로 불렸던 그녀보다 세 살 위의 언니 브로니 슬로라바로부터 마리는 이미 네 살 때부터 책 읽는 법을 배웠다.

마리가 여섯 살 때 아버지는 정치적 이유로 직장을 잃었다. 가족을 부양하기 위해 아버지는 작은 하숙집을 차렸다. 그때부터 스콜로도브스카 집에는 10여명의 학생들이 함께 살았다. 그리고 마리는 매일 아침 정각 6시에 학생들이 아침식사를 할 수 있도록 주방에 있는 그녀의 간이침대를 치워야 했다. 그녀의 딸 이브가 훗날 썼던 것처럼 마리가 '세계를 하나의 커다란 학교'로 표현 것도 놀라운 일이 아니다.

마리를 임신했을 때 어머니는 결핵에 감염되었다. 당시 결핵은 치유될 수 없을 뿐만 아니라, 특히 전염성이 강했기 때문에 그때부터 어머니는 아이들에 대한 모든 애정행위를 금지 당했다. 마리 퀴리가 훗날 지성적이고 고상한 어머니의 위대한 사랑을 증명했을 지라도, 어린 마리는 이해할 수 없는 어머니의 이런 태도에 매우 고통을 받아야만 했다.

어머니는 마리가 막 열 살이 되던 1878년 5월에 돌아가셨다. 2년 전에 이미 가족 중 한 사람이 세상을 뜬 적이 있었다. 브로냐와 마리의 큰 언니 소피아가 어느 하숙생에게서 티푸스에 감염되었다. 소피아는 병을 이겨내지 못했다. 언니가 죽었을 때 어머니는 이미 병이 들어 허약해졌기 때문에 언니를 돌볼 수 없었다. 아버지 역시 어머니가 돌아가신 뒤로는 한 동안 슬픔을 이겨내지 못해 아이들을 제대로 돌보지 못했다.

마리는 배움과 독서에서만 위안을 찾았다. 그녀는 자기 주위의 모든 것을 잊을 정도로 철저히 독서에 빠져들었다. 아버지의 서재에서 찾아낸 시문학, 모험소설, 심지어 기술서적과 일찍부터 매력을 느꼈던 물리교과서까지 모조리 읽을 정도였다. 아버지는 틈만 나면 모든 기회를 이용하여 아이들에게 자연과학에 대해 설명했다. 온 나라를 내리누르고 아이들의 삶마저 해치고 있던 정치적 억압을 잊을 수 있었다. 스콜로브스카 가족이 살았던 폴란드는 1815년 러시아에 점령당해 있었기 때문이다. 폴란드 국민은 여러 번 점령군에 대항했다. 저항은 매번 피를 뿌린 채 1863년, 1864년에는 끝내 좌절하고 말았다.

그 후 폴란드는 참혹하게 러시아의 지배체제에 들어갔다. 정치가, 교사와 행정공무원들은 모두 러시아인이었다. 더구나 그들 대부분은 특히 폴란드에 적개심을 가지고 있던 사람들이었다. 폴란드어로 말하는 것은 물론 금지되었고, 신문이나 서적, 학교, 교회 모든 것이 통제되었고 감시당했다. 모든 폴란드 인은 폴란드 사람이라는 이유 하나만으로도 쉽게 의심을 받았다.

조금 떨어진 곳에 있는 폴란드 사립학교에서만 민족적인 고유의 생활을 조금이나마 지키는 일이 가능했다. 그래서 마리는 정규수업과 병행하여 폴란드어와 역사를 가르치는 폴란드 기숙 여학교에 다녔다. 이런 행동은 위험한 일이었다. 러시아 감독관들이 여학생들과 여교사들을 통제하기 위해 언제나 갑자기 나타날 수 있었기 때문이다. 그럴 때면 아이들은 그들이 규정된 과제를 얼마나 잘 수행하고 있는지, 그리고 예를 들어 러시아 지배자의 혈통을 얼마나 잘 암기하고 있는지를 증명해 보여야만 했다. 마리는 기억력이 좋았기 때문에 종종 그런 질문에 대답하도록 요구받았다. 그녀는 잘 해내기는 했지만 항상 불안에 떨곤 했다.

폴란드 학교는 국가가 인정하는 증명서를 발급받을 수 없기 때문에, 마리는 몇 년 뒤에 러시아 상급 여학교로 옮겼다. 이 러시아 학교에서 불신과 모반이라는 것을 배웠다. 그녀는 참혹한 압박에 시달렸고, 마음속으로 조국의 해방을 꿈꿨다. 그러면서도 그녀는 학교 또한 사랑했다. 그 어떤 것, 그 누구도 마리에게서 배움에 대한 열정을 빼앗아 갈 수는 없었기 때문이다.

1883년 6월, 마리가 열다섯 살 때 마리는 같은 학년의 수석으로 학교를 졸업했다. 그 뒤로 그녀는 완전히 허약해져서 건강을 회복하기 위해 시골에 있는 친척집으로 갔다. 일년내내 그녀는 거기서 머물다가 1884년 9월에야 바르샤바로 돌아왔다.

아버지는 토요일마다 전통주전자인 사모바 주위에 둘러 앉아 아이들에게 책을 읽어주었다. 폴란드 책뿐만 아니라 프랑스와 영국 책도 읽어주었다. 마리는 이때 본 책들에서 평생 잊을 수 없는 큰 가르침을 얻었다. 지식보다 중요한 것은 없다는 가르침이었다.

마리는 아버지 소지품에 마음을 빼앗겼다. 아버지는 마리에게 말했다. "이것은 물리학 실험도구들이란다." 마리는 그 물건들을 자세히 살펴보았다. '물리학 실험도구, 물리학 실험도구라......' 마리는 아주 관심 있게 이 도구들을 바라보았다.

어머니와 큰 언니가 죽은 후에 둘째 언니 브로냐가 집안 살림을 꾸려나갔다. 브로냐 언니 덕분에 마리는 일등에게만 주는 금메달을 받고 고등학교를 졸업했다. 마리는 폴란드에서 더 공부를 하고 싶은 마음이 간절했지만 여학생을 받아주는 대학이 없었다. 게다가 당시 폴란드는 러시아의 지배를 받고 있어서, 러시아는 폴란드 문화와 전통을 파괴하려고 학교에서는 폴란드어를 쓰지 못하도록 했다.

폴란드 교수들은 가만히 있을 수 없어서 러시아 몰래 학교를 만들고 밤마다 불도 때지 못한 추운 집에 사람들을 모아 놓고 역사, 문학, 수학, 과학을 가르쳤다. 마리와 브로냐는 2년 동안 여기서 강의를 받았다. 그리고 이곳에서 배운 것들을 학교에 다니지 못한 여성들에게 가르쳐 주었다.

마리는 지식이 세상을 환히 밝히고 정의와 자유를 이끄는 횃불 같다고 생각했다. 그 시대 어느 아가씨들처럼 화려한 무도회, 예쁜 옷, 잘생긴 왕자를 꿈꾸지 않고, 배우는 삶이 마리의 꿈이었다. 마리는 학위를 받고 언젠가는 학생들을 가르치는 사람이 되고 싶었다.

대학에서 공부하고 학위를 받으려면 외국으로 나가야만 했다. 하지만 아버지 형편으로는 어림도 없는 일이었다. “늘 너희를 최고로 가르치고 싶었지만… 미안하구나!” 아버지를 극진히 사랑하는 마리는 괜찮다며 아버지를 위로했다. 하지만 마리는 마음속으로 프랑스 소르본 대학에서 공부를 할 수 있으면 얼마나 좋을까 하고 생각했다. 생물학, 수학, 사회학, 물리학, 화학을 배울 수 있는 그 유명한 대학에서 말이다.

마리의 언니 브로냐는 의사가 되고 싶었다. 마리와 브로냐 모두 꿈을 이루기는 쉽지 않았다. 그래서 마리가 브로냐에게 제의했다.

“언니가 먼저 파리에 가서 공부해. 나는 여기 남아서 돈을 벌어 언니에게 보내 줄게. 언니가 의사가 되면 나도 프랑스로 갈께. 그때는 언니가 내 학비를 대줘야 해.”

브로냐는 프랑스로 떠났고, 마리는 폴란드에 남았다. 처음에는 바르샤바 부잣집 아이들에게 대수학, 기하학, 프랑스어를 가르쳤다. 얼마 후 마리는 어느 사업가 집에 가정교사로 들어가 살기로 하고 시골로 내려갔다.

1886년 1월 1일 아침은 춥고 안개가 짙게 끼었다. 18세 마리는 이제 모든 것은 홀로 헤쳐 나가야 한다는 부담을 안고 바르샤바를 떠났다. 마리가 그 사업가 집에서 숙식을 하면서 가정교사를 하고 있을 때 대학에 가 있던 이 집의 장남이 방학으로 귀가하였다. 이 때 그는 가정교사와 댄스도 하고 스케이트도 타고 하는 동안 마리의 아름다움과 총명하고 낭만적인 성격에 반해 프로포즈하였다.

어느 날 이 사실을 알게 된 그의 어머니는 너무 놀라 기절하기 직전에 이르고, 아버지는 극도로 화를 내었다.

"뭐라고! 우리 아들이 돈 한 푼 없는 계집애에게 프로포즈했다고? 당치도 않는 소리!"

마리에게 있어서는 더 없는 모욕이었다. 그녀의 실망은 컸다. 그녀는 결혼의 희망을 일체 버리고 파리에 유학하여 일생을 연구에 매진하기로 결심했다.

1891년, 폴란드 출생의 마리 스크로브스카야는 파리대학에 입학하여 물리코스를 택하였다. 대학 4년 동안 그야말로 공부에만 전념했다. 당시의 생활비는 하루에 60센트, 그 돈으로 방세를 내고, 식비를 내고, 의복을 사 입고, 수업료까지 지불했다. 방에는 작은 창문이 천정에 붙어 있을 뿐 개스도 없고, 전등도 없고, 무엇보다도 고통스럽게도 난로가 없었다. 한 겨울에 석탄 2포대를 사는 것이 고작이었다. 그 귀중한 석탄을 절약하기 위해 겨울밤에도 난로 없이 지냈다. 그 추위를 참으며 수학문제를 풀어나갔다. 그리고 잘 때는 트렁크에서 타올과 시트, 베개주머니, 외출용 의복 등을 꺼내 덮고 잤다. 그래도 추위 때문에 몸이 떨릴 때는 그 위에 의자를 얹어 놓을 때도 있었다. 그야말로 필사적이었다. 먹을 것도 충분하지 못했다. 끓여 먹을 음식 재료를 제대로 사지 못하는 것은 물론, 취사하는 시간이 아까웠다. 몇 주일 동안 계속해서 빵과 버터와 멀건 홍차만으로 때운 때도 많았다. 가끔 실신 상태에 빠져 침대에 쓰러지곤 했다. 한 번은 대학 교실에서 쓰러졌다. 정신을 차렸을 때야 비로소 의사에게 고백했다.

"사실은 며칠 동안 체리와 무 한 단을 먹었을 뿐입니다."

그러나 이 가난한 학생을 너무 가엾게만 생각할 필요는 없다. 10년 후에는 세계에서 가장 유명한 여성이 될 운명이었다. 그녀는 연구에 몰두했다. 지식탐구의 화신이었다. 그 정열을 기아와 추위도 막지 못했다.

1894년 봄에 마리는 피에르 퀴리를 만났다. 그는 이미 여러 업적을 세운 과학자였고 마리와 같은 꿈을 꾸는 사람이었다. 피에르는 돈과 명예에 별로 관심이 없었고 경쟁을 싫어했다. 마리와는 물리학을 주제로 몇 시간씩 토론하곤 했다. 피에르는 마리에게 꽃과 초콜릿 대신 과학책을 선물했다.

여름이 되자 마리는 폴란드로 돌아갔다. 그곳에서 학생들을 가르치는 일을 시작할 생각이었다. 피에르는 마리에게 편지를 썼다. "당신이 프랑스로 돌아오지 않으면 난 무척 슬플 거예요." 마리는 그 편지를 받고 바로 피에르 곁으로 돌아갔다. 피에르는 마리처럼 전심전력을 화학에 바치고 있는 인물이었다. 그는 아직 35세였으나 이미 프랑스 화학계의 일류 학자였다.

1895년 7월 26일, 두 사람은 결혼했다. 두 사람이 결혼했을 때, 두 사람의 재산은 자전거 두 대 뿐이었다. 신랑 신부는 신혼여행으로 앞서거니, 뒤서거니, 자전거로 프랑스의 시골길을 돌아다녔다. 점심은 빵과 치즈와 과일 뿐이었다. 밤에는 마을 여인숙에서 지냈다.

3년 후에 퀴리부인은 박사학위논문을 제출할 준비에 착수했다. 박사논문을 제출하려면 우선 독창적인 연구결과를 정리하지 않으면 안 되었다. 그녀는 당시 발견된 지 얼마 안 되는 불가해한 문제를 택하였다. '우라늄이라는 금속은 어떻게 해서 방사선을 내뿜는가?'가 그녀의 태마였다. 그것이 계기가 되어 그녀는 위대한 화학적 모험을 향해 출발하게 된다. 화학계의 불가해한 신비를 찾기 위한 출발이었다. 그녀는 모토 화학적 물질을 테스트하고, 수백 종에 달하는 금속을 실험하며 연구했다. 그 결과 '이 강력한 방사선은 미지의 원소로부터 공간에 방사되고 있다.'는 결론에 도달했다.

이리하여 남편 피에르 퀴리도 스스로의 실험을 중단하고 아내와 협력함으로써 이 미지의 원소 탐구에 종사하게 되었다. 부부가 힘을 합해 실험을 거듭한 지 수 개월 후에 그들은 학계에 큰 폭탄을 던졌다.

'우라늄의 2백만 배나 강력한 방사능을 지닌 금속'을 발견했다고 발표한 것이다. 이 금속이 내는 방사선은 목재를 통과하고, 돌도 통과하고, 강철도 통과한다. 통과를 가로막는 것은 오직 한 가지, 연鉛판 뿐이었다. 문자 그대로 '기적의 금속'이었다.

만일 이 발견이 사실이라면 몇 세기 전부터 과학자들이 믿어 온 기초적 이론은 근본으로부터 붕괴될 수밖에 없었다. 이 기적의 물질을 퀴리부인은 '라듐'이라고 불렀다. 그러나 라듐과 조금이라도 비슷한 물질은 그 때까지 전혀 알려지지 않았다. 라듐의 모든 금속과 근본적으로 성질이 다르기 때문에 그런 금속이 존재할 리가 없다고 하여 학계에서 증거를 보이라는 요구가 나왔다. 순수 라듐을 가져다가 잘 조사하여 원자량을 측정하자는 것이었다.

그 때부터 만 4년간, 1898년으로부터 1902년까지 퀴리 부부는 라듐의 존재를 증명하기 위한 노력을 계속했다. 4년간의 악전고투의 성과는 겨우 라듐 10분의 1그램을 얻었을 뿐이었다. 녹두알만한 크기에 불과했다. 그들은 광석 8톤을 열로 끓여서 정제했다. 비가 세고, 바람이 들이치는 건물에서 끓는 광석과 약품이 내는 연기 속에서 퀴리 부부는 4년간을 실험에 몰두했다. 남편은 절망 속에서 실험과 연구를 일단 중지하자고 하였으나, 아내는 막무가내였다. 이렇게 해서 연구한 결과가 녹두알만한 라듐이었다. 그러나 그것이 인류의 역사를 바꾸어 놓는 위대한 성과였다.

1902년, 퀴리 부부는 중대한 기로에 섰다. 연구의 성과를 이용하여 막대한 부를 이룰 것인가, 아니면 사욕을 버리고 어디까지나 학문의 이상 쪽에 서는가의 기로였다. 그 당시 라듐은 암 치료에 절대로 필요하다는 것도 알려져 있었다. 라듐의 수요는 점점 늘어가고 있었으며, 그 제조법을 알고 있는 것은 퀴리 부부 뿐이었다. 따라서 라듐의 추출법의 특허만 따면 세계 어디서 생산하는 라듐이건 권리금을 받아낼 수가 있다. 그 권리금을 받으면 경제적으로 안정되며, 훌륭한 연구소를 세워 편하게 연구를 계속할 수도 있다.

그러나 퀴리 부인은 그 길을 택하지 않았다. 라듐 발견의 공적으로 해서 단 한 페니도 받지 않았다.

"어떻게 그렇게 할 수 있습니까? 과학적 정신에 어긋납니다. 그리고 그것은 환자들을 치료하는데 사용되지 않습니까? 환자들의 고통을 이용하는 거나 다름없습니다."

어디까지나 크리스챤다운 무사무욕의 정신이었다. 퀴리 부인은 막대한 부 보다 간소한 생활을, 안락한 생활보다 봉사의 생애를 보냈다.

마리와 피에르의 발견은 물리학계를 뒤흔들 혁명이었다. 가만히 두어도 에너지가 뿜어 나오는 새로운 물질을 발견했기 때문이다. 라듐은 분리해서 목재나 석탄을 대신할 수 있었다. 암 치료를 획기적으로 발전시킬 수 있었고, 심지어 화장품에도 쓰였다. 그런데 라듐을 쓰려면 라듐을 분리해서 추출해야 하는데 그 기술을 아는 사람은 마리와 피에르 뿐이었다.

전 세계에서 라듐 추출 의뢰가 빗발치자 피에르는 마리에게 말했다. "우리는 라듐을 발명한 사람으로서의 권리를 가질 수 있어요. 전 세계 라듐 제조에 대한 권리를 보장 받을 수 있다는 말이에요." 피에르 말대로 그들은 엄청난 돈을 벌 수도 있었다. 특허만 내면 되니까 어려울 것도 없었다. 그러나 마리는 길게 생각할 것도 없이 이렇게 말했다. "아뇨, 라듐은 인류를 위해 쓰여야 해요." 마리와 피에르는 연구결과를 전 세계 학자들에게 공개했다.

1903년 12월 10일, 마리는 남편 피에르 퀴리, 앙리 베크렐과 함께 과학계 최고의 영예로 인정받는 노벨물리학상을 받았다. 마리는 노벨상을 받은 최초의 여성이 되었다. 마리와 피에르는 순식간에 유명인이 되었고, 전 세계 기자들은 마리와 피에르를 취재하려고 갖은 애를 썼다. 마리와 피에르는 시달리는 기분이 들어서 유명세를 달가워하지 않았다. 마리와 피에르는 마음 편히 연구에만 몰두할 수 있기를 기대했다.

피에르 퀴리는 마침내 소르본 대학 물리학과 교수가 되었다. 1906년 4월 7일, 파리는 비가 내리고 있었다. 좁고 혼잡한 도로에 마부들의 고함소리, 전차가 덜컹대는 소리, 자동차 엔진 소음이 울려 퍼졌다. 그 거리에 두 마리 말이 끄는 화물차가 나타났다. 커다란 우산을 쓰고 있던 피에르는 마차를 미처 보지 못했는데, 그 마차에 치여 쓰러졌고 말발굽에 사정없이 밟혀서 죽고 말았다.

마리는 세상이 무너지는 것 같았다. 오랫동안 슬픔에 젖어 상복을 벗을 생각도 하지 않고 지냈다. 딸 이렌과 에브는 겨우 아홉 살, 두 살이었다. 하지만 마리는 모든 지원을 거부하고 이렇게 말했다. "나는 아직 젊으니 내 힘으로 두 딸과 살아갈 수 있습니다."

그 때 소르본 대학에서 마리에게 피에르 뒤를 이어 교수직을 맡아 달라는 제안을 했다. 마리는 기꺼이 그 교수직을 수락했다. 1906년 11월 5일, 사람들로 꽉 찬 강의실에서 마리는 처음으로 강의를 했다. 이렇게 해서 마리는 여성 최초로 노벨상을 받았을 뿐만 아니라 여성 최초로 프랑스대학 교수가 되었다.

마리는 학생들을 가르치면서 계속 연구를 했다. 1910년, 금속라듐의 분리에 성공했고 라듐의 원소량을 235로 확정했다. 같은 해 그녀는 명저인 <방사성에 대하여>를 출판했다. 1911년 11월, 그녀는 중대한 업적을 이룬 것이 인정되어 노벨 화학상을 받았다. 라듐의 발견과 활용은 그녀를 세계적인 명성을 가진 과학자의 반열에 올려놓았다. 그녀는 학계에서 주목을 받으면서 아인슈타인, 러더퍼드, 막스 플랑크 같은 세계적인 석학들과도 교류했다. 마리는 프랑스 과학아카데미에 들어가려고 자신 있게 지원했다. 마리는 그럴만한 자격이 있었지만, 아카데미는 거절했다. 마리는 여자인데다가 외국인이라는 이유였다.

마리는 이미 노벨상을 받은 사람이 또 노벨상을 받은 것은 마리가 처음이었다. 마리의 요청으로 연구소를 수립할 계획을 수립하게 되었다. 연구소는 공간을 크게 둘로 나누어 한쪽은 물리 화학에, 다른 쪽은 의학에 집중하는 구조로 설계되었다. 마리는 2년 동안 연구소 건축에 매달렸다. 직접 도면을 그려가면서 건축자들과 회의를 했다. 그녀는 넓고 햇볕이 잘 드는 연구소를 만들기 위해 노력했다. 그리고 그녀는 연구소에 꼭 정원이 있기를 바랐다. 건물을 올리기 전에 주위에 피나무와 플라타너스를 심게 했고, 덩굴장미는 그녀가 직접 심었다.

1914년 7월, 마리와 피에르가 꿈에도 그리던 라듐연구소가 드디어 문을 열었다. 하지만 연구소는 텅 비었다. 누구도 예상치 못한 이유였다. 1914년 8월 1일, 매해 그렇듯 도시는 여름 휴가를 떠나고, 시골은 수확을 준비하고 있었다.

어느 날 갑자기 교회 종탑에서 불길한 종소리가 울리더니 경비대가 북을 치며 전쟁이 일어났다고 외쳤다. 게시판마다 제 1차 세계대전이 일어났다는 벽보가 붙었고, 남자들은 전쟁터로 싸우러 나갈 준비를 했다. 그때 마리는 파리에 있었고, 두 딸은 여름방학 동안 시골에 가 있었다. 마리는 과학자로서 전쟁에 힘을 보태기로 했다. X선 촬영이 인체 골격과 장기를 들여다보는데 도움이 된다는 사실을 알고 있었기 때문이다.

외과 의사들이 수술을 하려면 X선 촬영이 꼭 필요했다. 부상자 몸에 박힌 탄환이나 포탄의 파편의 위치를 정확히 파악해야 하기 때문이다. 하지만 그 당시는 촬영 장비가 턱없이 부족해서 파리에 있는 두세 개 병원에서만 검사할 수 있었다.

프랑스 군대에서도 방사선 차량이 딱 한 대뿐이었다. 부상자가 점점 늘어가는 상황에서 방사선 차량이 더 필요했다. 마리는 장관들을 만나서 설득했고, 부자와 왕족들을 만나서 넓고 큰 차량을 빌렸다. 마리는 파리와 파리 근처 자동차 공장들을 하나하나 돌면서 방사선 차량을 만들기 위해 노력했다.

마리는 방사선 전문가도 길러냈다. 제자 바르트 올랭과 딸 이랜을 조수로 두고 직접 교육을 시켰다. 그렇게 해서 군 병원에 방사선 촬영 기사 200여명을 파견시켰고, 방사선 차량도 20대를 마련했다. 방사선 차에는 마리의 용기와 의지를 기리는 뜻에서 '프리트 퀴리'라는 별칭이 붙었다. '작은 퀴리'라는 뜻이다.

마리는 직접 운전면허를 따서 프리트 퀴리를 몰고 현장에도 나갔다. 사람들은 노벨상을 두 번씩이나 받은 과학자가 너덜너덜한 검은색 망토에 다 헤진 모자를 쓰고 적십자 완장을 찬 채 전쟁터를 누비는 모습을 바라보았다. 그녀는 진정한 전사였다. 마리가 구한 환자만도 100만 명이 넘었다. 전쟁이 끝나자 그녀는 오랫동안 미루어 놓았던 연구를 다시 시작했다.

그녀는 새로운 라듐연구소에서 연구를 시작했다. 거기서 그녀는 끊임없이 성장하고 있는 우수한 공동연구진을 자기 주변으로 불러 모았다. 그 연구진은 1919년부터 1934년 마리가 사망할 때까지 이 연구소로부터 총 483건의 출판물을 낼 정도로 대단한 성과를 거두었다. 그렇지만 국가는 그 연구소는 처음에는 커다란 재정적 어려움과 싸워야만 했다. 국가는 연구를 위해 자금을 마음대로 쓸 수가 없었다. 그런데 마리는 자신의 재산인 두 번의 노벨상 상금도 완전히 전시 공채에 날려버렸다.

이런 상황에서 마리는 그녀를 찬미하던 미국 여성 저널리스트인 마리 멜로니의 지원을 받았다. 이 여성은 1920년 5월 어느 날, 그녀가 연구를 계속하는데 필요한 것이 무엇인지 물었는데, 라듐 1g이 필요하다고 말했던 것이다. 멜로니는 미국 부인들을 상대로 유례없는 후원회 활동을 펴서 당시 1g의 라듐을 살만한 10만 달러를 모았다.

1년이 지난 1921년 5월 20일, 마리는 미국 여성협회에서 그녀에게 수여하는 라듐을 받으러 뉴욕으로 갔다. 의식이 거행되기 전날 밤에 회견하는 자리에서 "라듐은 영원히 과학에 속하는 것이며, 결코 한 개인의 소유가 될 수 없습니다."고 말하면서 한사코 증서의 단어를 수정해 달라고 부탁했다. 그녀는 결코 라듐을 자신의 소유로 할 수 없다는 것을 분명히 밝힌 것이다. 미국정부는 마리의 뜻에 따라 수정했다. 그 회견 장소에 참석했던 아인슈타인은 "모든 유명인들 가운데 퀴리 부인이 유일하게 명예에 물들지 않은 사람이다."라고 말했다. 그 다음 날, 워싱턴에서 미국 대통령이 마리에게 납 상자를 건네주고는 마리의 목에 자그마한 금빛 열쇠가 달린 목걸이를 걸어주었다. 그 납 상자 안에는 라듐 1g이 들어있었다.

마리는 파리로 돌아와서 계속 연구를 했지만 건강이 좋지 않았고 눈은 점점 흐려졌다. 결국 그녀는 시력을 잃었다. 너무나 많은 실험에 혹사당한 눈이 더는 버틸 수 없었기 때문이다. 그녀는 점점 더 쇠약해지는 와중에도 연구를 계속하고, 제자들을 가르치고 라듐연구소를 이끌고 나갔다. 라듐연구소는 전 세계에서 온 연구자들로 북적거렸다. 그녀는 계속 후배들을 가르치고 지도하고 싶었다. 그녀는 젊은 연구자들을 '실험실의 아이들'이라고 부르며 무척 아꼈다.

1934년 5월 어느 날 오후, 마리는 연구소 정원을 산책하면서 봄날의 아름다운 자연에 감탄했다. 그러다 왠지 병든 것처럼 보이는 장미나무를 발견했다. 그녀는 정원사 조르주를 불러서 그 나무를 잘 돌봐 주라고 했다. 그날 그녀는 열이 좀 나서 집에 돌아가 쉬어야만 했다. 그녀는 조르주에게 "조르주, 잊지 말고 저 장미를 돌봐줘요." 라고 말하고 집으로 돌아갔다. 그녀는 두 번 다시 연구소에 나오지 못했고, 정원도 보지 못했다. 의사들은 마리의 병명을 알아내지 못했다.

마리는 일생을 통해서 7개국에서 상장과 상패를 24회나 받았고,

25개국에서 100여개의 명예직을 받았다. 그럼에도 그녀는 시종 겸손하고 고귀한 품성을 잃지 않았다. 그녀는 만년에도 계속 부지런히 연구에 몰두하고 제자들을 길렀다. 하지만 장기간 방사성 원소에 노출되어 그녀는 악성 백혈병을 앓게 되었다. 그리하여 1934년 7월 3일, 그녀는67세의 나이로 실험실에서 집으로 돌아오던 날 밤에 세상을 떠났다. 병의 원인은 방사능이었다. 변변한 보호 장비도 없이 그녀는 35년 동안 방사능에 노출되어 있었던 것이다.

미켈란젤로 디 부오나로티

(Michelangelo di Buonarroti : 1475-1564)

미켈란젤로는 1475년 3월 6일 이탈리아 토스카나 지방의 카프레세에서 태어났다. 그가 태어난 부오나로티 가문은 피렌체에서 몇 대를 이어온 유서 깊은 가문이었다. 아버지 로도비코 디 부오나로티 시모니는 카노사 출신의 귀족으로, 카프레세의 치안판사였다. 본명은 미켈란젤로 디 로도비코 부오나로티 시모니로, 로도비코의 둘째 아들이었다. 6세 때 어머니가 병으로 죽으면서 유모의 손에서 자랐는데, 유모의 남편이 석공이었던 터라 채석장에 드나들면서 조각에 관심을 가졌다고 한다.

유년시절부터 미켈란젤로는 조토와 마사초의 작품을 따라 그리는 등 그림에 관심을 보여 아버지에게 자주 꾸중을 들었다. 아버지는 미켈란젤로를 공부를 시키려고 프란체스코 다 우르비노가 운영하는 학교에 보내 문법(라틴어)을 배우게 했으나 미켈란젤로의 관심은 온통 그림뿐이었다.

미켈란젤로는 13세 때 아버지의 임기가 끝나자 가족과 함께 피렌체로 올라왔다. 이곳에서 그는 도메니코 기를란다요의 제자를 알게 되었고, 그 제자가 미켈란젤로의 데생을 기를란다요에게 보여주면서 재능을 인정받아 도제가 되었다. 미켈란젤로는 어린 나이임에도 뛰어난 기량을 보여 스승을 놀라게 했다. 기를란다요가 산타 마리아 노벨라 성당의 벽화를 제작하던 무렵이었다. 미켈란젤로는 스승과 선배 도제들이 그리는 모습을 스케치하고 있었는데, 이를 본 기를란다요가 "이 소년은 나보다 아는 게 많구나."라고 감탄했다고 한다.

조각에도 관심이 많았던 미켈란젤로는 1년 후 도나텔로의 조수였던 조각가 베르틀도 디 조반니 아래로 들어갔다. 그리고 곧 메디치가의 수장 로렌초 데 메디치의 눈에 띄었다. 메디치가는 고대 조각과 인문주의에 큰 관심을 갖고 피렌체의 문화, 예술을 후원하여 이탈리아의 르네상스를 꽃피운 가문이다.

이후 미켈란젤로는 로렌초의 집에 기거하면서 그 집 정원에 있는 고대 로마 조각들을 모방하고, 고대 사상과 신화 등을 연구하며, 로렌초의 집 정원에 놓일 조각상들을 제작했다. 이 시기의 대표작이 헤라클레스와 켄타우로스 간의 전투로 묘사한 <켄타우로스 족의 전투>로, 이 작품으로 미켈란젤로는 어린 나이임에도 거장으로 명성을 떨치게 되었다.

피렌체 최고 명문가의 수장 로렌초 메디치는 정치력과 인기를 모두 지닌 인물로 예술가의 후원에도 많은 열정을 쏟았다. 로렌초는 고대 조각을 많이 수집한 그의 정원을 학교로 만들어 뛰어난 조각가를 육성하려 했고, 그곳에 미켈란젤로를 불렀다. 미켈란젤로의 뛰어난 재능을 알아본 로렌초는 14살의 미켈란젤로를 가족의 일원으로 맞이하여 그의 예술 활동을 전적으로 지원하기로 했다. 그곳에는 훗날 교황이 되어 미켈란젤로의 후원자가 된 메디치 가문의 두 명의 아들, 줄리아노 메디치(클레멘스 7세), 그리고 조반니 메디치(레오 10세)도 있었다. 귀족들과 더불어 그리스 로마 철학을 배우는 한편 고대의 유물이 가득한 정원에서 조각을 연구하던 소년 미켈란젤로에게 조각은 단순한 기술이 아니라 고대의 위대한 정신을 보여주는 예술이었다.

로렌초가 죽은 후 메디치 가문이 피렌체에서 추방당하게 되자, 그의 비호를 받았던 미켈란젤로도 도망을 가야 하는 처지가 되었다. 볼로냐에 들어가려고 했을 때, 통행증이 없었던 미켈란젤로는 고액의 벌금을 내야 하는 난처한 상황에 빠졌다. 사정을 들은 그 마을의 유력자 알도브란디 씨가 와서 그를 도와주었다. 미켈란젤로는 얼마 후에 피렌체로 돌아갔다.

1496년, 스물한 살이 된 미켈란젤로는 처음으로 로마에 갔다. 그곳에서 5년간 머물며 중요한 작품 두 개를 남겼다. <바쿠스>와 그 이름도 유명한 <피에타>이다. 미켈란젤로는 더없이 세련된 <피에타>를 26세라는 젊은 나이에 완성했다. 이 작품은 금세 큰 호평을 받았고, 그의 명성은 부동의 자리에 올랐다. 이 작품에는 그리스도의 죽음에 대한 슬픔보다도, 모든 것을 초월한 거룩한 아름다움이 드러나 있다.

<피에타>가 공개되고 머지않아 미켈란젤로는 롬바르디아 지방에서 온 방문객들이 자신의 작품을 칭송하고 있는 것을 보게 되었다. 그런데 그 중 한 사람이 "이걸 만든 사람이 누구지?"하고 묻자, "우리 고향 밀라노 출신의 고보야."라고 대답하는 것을 듣고 말았다. 미켈란젤로는 그날 밤 남몰래 마리아의 혁대에 자신의 이름을 새겨 넣었다. 아직 젊고 이름이 알려져 있지 않으면, 이처럼 작품의 명예가 가로채이는 경우도 많았다. 하지만 미켈란젤로는 이후 작품부터는 성명을 새길 필요가 없었다.

피렌체는 긴 정치적 논란의 끝에 미켈란젤로의 친구였던 피에로 소데리니가 종신집정관으로 취임했다. <피에타>로 명성을 올린 미켈란젤로에게 피렌체 정부는 거대한 대리석을 주고 작업을 의뢰했다. 이 대리석은 이전에도 다른 조각가가 다비드를 조각하려고 다리 부분에 구멍을 뚫어 놓아 볼품이 없어진 것이었다. 그런 불리한 조건에도 불구하고 미켈란젤로는 피렌체 공화국의 '자유와 정의의 정

신을 상징하는 전혀 새로운 다비드 상을 제작해냈다.

1504년에 사람들은 미켈란젤로와 레오나르드 다 빈치에게 피렌체 시청의 두 벽면에 벽화를 그려 달라고 주문했다. 그러나 두 사람 다 준비하다가 도중에 그만두게 되어서 대결은 이루어지지 않았다. 그 해에 미켈란젤로는 교황 율리우스 2세로부터 기념 묘비를 만들어 달라는 요청을 받았다. 그러나 마음이 바뀐 교황이 핑계를 대며 만나주지 않자, 그는 피렌체로 돌아가 버렸다.

1508년 미켈란젤로는 율리우스 2세의 요청으로 시스티나 성당의 천장화를 그려달라는 요청을 받았다. 당시 율리오 2세 아래 건축책임자를 담당하던 사람은 브라만테였다. 그는 미켈란젤로의 재능을 질투하여 더 이상 그의 명성이 높아지지 못하게 할 만한 기회를 엿보고 있었다. 브라만테는 모의 제작이 중단된 사이 시스티나 성당의 천장화를 미켈란젤로에게 맡기면 어떻겠느냐고 교황에게 말했다. 조각가인 미켈란젤로가 분명 실패하여 큰 수치를 당하게 될 것이라고 생각했기 때문이다.

미켈란젤로는 높은 천장을 올려보았다. 사방 1천 피트, 그 전부를 그림으로 채워야 하는 것이었다. "이것은 내가 하고 싶은 일이 아니야!" 그는 분노와 실망감을 억눌렀다. 끈질기게 요구하는 교황에게 "아니오."라고 말하는 것은 쉬운 일이 아니었다. 그는 무거운 마음으로 동의했다.

미켈란젤로는 작업을 하기 위해 사다리 위의 발판으로 올라갔다. 거기 등을 대고 누워서 머리 위의 천장에다 그림을 그렸다. 그것은 고통스런 작업이었다. 물감이 얼굴로 떨어져서 눈을 쓰리게 만들었다. "나는 조각가지, 화가가 아니야." 그는 중얼거렸다. 그림을 그리지 않은 지가 수년도 넘었다. 과연 이 일을 해낼 수 있을지 두려웠다. 그를 시기하는 브라만테는 교황을 부추겨 벽화를 그릴 줄 모르는 그에게 시스티나 성당의 천장화를 그리도록 했다. 그는 벽화를 그릴 줄 아는 피렌체의 친구들을 불러 작업을 지시했다. 그러나 남의 손으로 만드는 작품이 마음에 들 리가 없었던 그는 문을 걸어 잠그고 친구들의 그림을 다 지운 다음 홀로 작업을 해 나갔다.

미켈란젤로는 잠자고 먹는 시간만 빼고 거의 모든 시간을 높은 천장 아래에 사다리 위에 누워서 그림을 그렸다. 그의 고독하고 힘든 노동은 자연을 뛰어 넘는 완벽한 아름다움을 그려내겠다는 욕망의 사투였다. 시간의 흐름에 따라 천장에는 지금까지 인간의 손으로 창조되었던 것 중에서 가장 완벽하고 고귀한 장면들이 차츰차츰 모습을 드러내기 시작했다. 어둠과 빛을 나누는 성부, 아담과 이브의 창조, 인간의 타락, 노아의 대홍수, 이러한 것들이 하나씩 하나씩 미켈란젤로의 붓 끝에서 나타났다. 300명 이상의 인물들이 모두 하나같이 숭고하고 위대한 조각가의 힘과 장대함을 지니고 있었다.

엄청난 노고와 고립된 생활의 기나긴 4년이 지난 뒤에 미켈란젤로는 마침내 <천지창조>를 완성했다. 발판이 내려지고 시스티나 성당의 문은 활짝 열렸다. 수많은 인파가 몰려와서 천장 위를 올려다보고는 경탄하며 서 있곤 했다. 르네상스시대 3대 화가 중 한명인 라파엘이 시스티나 성당의 천장화를 보러갔다. 그는 자신이 미켈란젤로와 동시대에 태어난 것에 대해 하나님께 감사했다. 율리우스 2세는 시스티나 성당의 천장화의 완성을 끝까지 지켜보고는 이듬해인 1513년에 세상을 떠났다.

율리우스 2세의 죽음으로 미켈란젤로는 심신이 피곤했지만 율리우스 2세 다음으로 교황에 오른 클리멘스 7세로부터 또다시 시스티나 성당의 제단 벽면에 <최후의 심판>을 그려줄 것을 의뢰받았다. 클리멘스 7세가 이 그림을 의뢰한 것은 스페인 군의 로마 점령과 약탈 등 연속된 재난에 대한 분노의 감정을 달래기 위함이었다. 그러나 작업 도중 클리멘스 7세의 죽음으로 작업을 중지하게 되었다. 새로 교황이 된 바오로 3세가 중단된 그림을 계속 그리게 하여 1541년 가을에 인간이 취할 수 있는 모든 모습을 한 총 391명의 인물상이 들어났다. 이 작품을 처음 공개할 때, 모든 로마 시민들은 경악과 찬탄을 나타냈다. 벽화에 등장하는 391명의 사람이 모두 옷을 벗고 있었기 때문이다.

미켈란젤로가 <최후의 심판>을 열심히 그리고 있을 때, 추기경이 방문하여 벌거벗은 인물에 대해 한마디 했다. 그러자 미켈란젤로는 그를 지옥의 사신 미노스로 그려놓음으로써 영원히 지옥에서 벗어날 수 없게 했다. 미켈란젤로는 자신의 작품에 대해 누구와도 타협하지 않았다. 그런 그의 작품 <최후의 심판>은 1564년 1월 트리엔트 공의회에서 "비속한 부분은 모두 가려야 한다."는 칙령이 반포되어 생식기 부분에 덧그림이 그려졌다. 그리하여 <최후의 심판>에 등장하는 인물마다 중요한 부분은 옷이나 천으로 가려졌다. 그런데 그의 원 그림은 본래 가림이 없었고, 미켈란젤로의 대담성을 잘 보여주는 작품이었다.

이미 60세를 넘긴 미켈란젤로였지만 초인적인 체력은 여전했으며, 5년의 제작 기간에 걸쳐 이 초대형 작품을 완성시켰다. 그리고 자신의 초상화를 성 바르톨로메오가 들고 있는 가죽에 그려 넣었다. 어느 날 바오로 3세와 함께 전례장이 프레스코화를 보러 가서는 "이 무슨 불경한! 장엄한 장소에 이렇게 많은 나체를 그리다니, 그것도 저런 부끄러운 부분까지..."라고 말했다. 화가 난 미켈란젤로는 지옥의 심판자 미노스의 얼굴을 이 이 전례장의 얼굴과 닮게 그려버렸다.

미켈란젤로가 젊은 시절 로마로 거처를 옮겨 교황을 위해 일하게 된 모든 계기가 된 율리오 2세의 묘비는 아직도 완성되지 못했다. 어지럽게 변하는 정치 상황, 차례로 교체된 교황, 툭하면 변하는 율리오 2세의 유언집행자의 요구 등 이런저런 요소가 이 일의 완성을 방해하고 있었다. 우여곡절 끝에 계획 초기의 일대 기념비 구상과는 동떨어진, 모세 일체를 메인으로 하는 변경된 구성으로 완성시켰다. 미켈란젤로는 평생을 고민해온 숙명과도 같은 이 작업을 1545년, 율리오 2세가 죽은 지 32년 후에 완성시켰다.

<최후의 심판>을 그려낸 미켈란젤로의 앞에는 산 피에트로 대성당 신축공사의 건축주임이라는 최후의 대사건이 기다리고 있었다. 이것은 옛 라이벌인 브라만테가 남긴 기획에 기초한 것이었는데, 미켈란젤로는 구조의 안전성 등을 중요시하여 기존의 기획에서 많이 변경하여 설계했다.

미켈란젤로는 나이 들어 붓도 끌도 들 수 없게 되었을 때 무엇을 했을까? 그는 1546년에 그는 성 베드로 대성당의 개수공사를 주문 받았다. 세계에서 가장 거대한 작품을 창조할 기회를 잡은 것이다. 그는 설계를 수정하고 모형을 만들고 건강이 허락하는 한 직접 나가서 공사장을 감독했다. 사람들은 그에게 고향 피렌체로 돌아오라고 권했지만 그는 몸을 쓸 수 없을 때까지 작업에 매진했고 침대에 누워 보고를 받고 지시를 했다. 그리고 마치 영웅이 자신의 마지막 과업을 이룬 자리에서 죽음을 맞이하듯 자신의 작업장인 로마에서 눈을 감았다. 그는 위대한 작품의 온전한 제작자로서 그렇게 자신의 현장에서 잠들었다.

미켈란젤로는 죽기 6일 전까지 자신의 묘를 위한 두 점의 <피에타>를 조각하고 있었다. 자신의 출발점인 젊은 시절의 <피에타>로부터 반세기 이상의 시간이 흘러 있었다. 그 양식의 차이는 같은 예술가의 손으로 만들었다고 생각할 수 없을 정도로 그가 살아온 급변하는 시대변화를 여실히 반영하고 있었다. 두 작품 모두 자신의 손으로 파괴한 상태로 남겨져 있지만, 그럼에도 충분히 전해지는 비애는 깊은 고뇌를 미켈란젤로가 걸어온 평탄하지 않았던 삶과 예술에 대한 깊은 고뇌를 이야기하고 있는 듯하다.

평생 혼자 생활한 미켈란젤로에게 어떤 사람이 "선생님은 왜 결혼 안하셔요?"라고 질문을 했는데, 그는 "나에게는 '예술'이라는 귀찮은 부인과 '작품'이라는 아이들이 있기 때문이야."라고 대답했다.

미켈란젤로는 여러 제자들 중에서 특히 율리우스 2세 묘비의 조각 일을 도왔던 프란체스코 다마들레를 사랑했다. 그는 자신이 죽고 난 뒤에 다마들레의 궁핍한 생활을 염려하여 미리 2천 에귀나 되는 거액을 주고 위로했다. 그러나 그 제자는 그보다 먼저 세상을 떠나고 말았다. 그밖에도 미켈란젤로가 좋아했던 사람들 중에는 가난하고 힘없는 사람들이 많았다.

1564년 2월 15일, 밖에는 억수같이 비가 내렸다. 이때 미켈란젤로는 벌떡 일어나 마치 망령처럼 쏟아지는 빗속으로 걸어 나갔다. 한참 걷다가 옛 친구를 만나자 그는 그 친구에게 이렇게 말했다.

"나는 이제 죽을 때가 된 것 같네. 왜냐하면 이제야말로 예술 속에서 태초의 울림을 연주할 수 있게 되었기 때문이지!"

그로부터 사흘 뒤인 1564년 12월 18일, 그는 52년 동안 우정과 사랑을 지속해온 화가 카발리에르의 팔에 안겨 다음과 같은 유언을 남기고 숨을 거두었다.

"영혼은 신에게, 육체는 대지로 보내고 죽어서나마 그리운 피렌체로 돌아가고 싶네."

그의 유언대로 그의 유해는 피렌체의 산타크로체 성당 묘지에 안장되었다. 그리고 다음과 같은 그의 시가 기념비로 남아 묘지를 찾는 사람들에게 숙연한 메시지를 전하고 있다.

수치와 불명예가 우리들 곁에 머무는 한
돌 같은 내 삶에 있어서 잠이 유일한 안식처라오
아무 것도 보지 않고 아무 것도 듣지 않는 것만이
진실로 내가 원하는 것이라오
그러니 제발 깨우지 말아다오
목소리를 낮춰다오
그리고 제발 조용히 떠나다오

인쇄술이 발달하여 책이 보편화되기 전에는 그림과 조각, 건축이 시대정신을 담아내는 가장 중요한 매체였다. 미켈란젤로는 그림과 조각을 통해 르네상스기의 인간정신과 기독교정신을 표현한 중세의 거장이다. 그는 많은 업적을 남겼음에도 자신의 삶에 수치와 불명예가 있었음을 자인하고, 세상의 평가로부터 자유로워지기를 원하며 목소리를 낮춰달라고 주문한 것이다.

세종대왕
(世宗大王 : 1397-1450)

태조 6년(1397년) 4월 10일, 서울 준수방(지금의 서울시 종로구 통인동)에 자리 잡은 정안군 이방원의 집안에 큰 경사가 났다. 우렁찬 아기 울음과 함께 옥동자가 태어났다. 아기의 이름은 도裪, 바로 조선 제 4대 임금 세종이었다. 세종이 태어날 당시 위로 형이 둘이 있었는데, 맏형 양녕대군이 네 살, 둘째 형 효령대군이 두 살이었다. 아버지가 피비린내 나는 왕위 쟁탈전을 벌이던 시절에 유년 시절을 보냈고, 다섯 살부터는 세 번째 왕자로 안정된 생활을 보냈다.

그 후 아버지 정안군이 태종 임금으로 왕위에 오른 뒤에, 왕자 도가 8살 되던 해, 맏형 제(양녕군)가 왕위를 이을 왕세자로 책봉되었다. 이어 둘째 형 보는 효령군으로, 막내 왕자 도는 12살 되던 태종 8년(1408년) 2월에 충녕군이라는 봉호를 받게 되었다. 그리고 대언 벼슬

자리에 있던 심온의 딸인 14 살 경숙 옹주(소헌왕후) 심씨를 부인으로 맞았다.

그해 5월에 할아버지 태조가 승하하셨다. 할아버지 태조는 비록 아버지 태종을 달갑게 여기지 않았지만 왕손 중에서도 가장 지혜롭고 총명한 충녕군에 대해서는 마음속으로 기대가 컸었다. 충녕군 또한 위대한 태조 할아버지를 높이 받들어 존경하고 우러러 보았기에 할아버지를 잃은 슬픔 또한 컸었다.

충녕군은 어렸을 때부터 유난히 책을 좋아했다. 세종 때의 역사를 기록한 책 <세종실록>에도 책과 관련된 어린 시절의 일화가 실려 있다. 충녕군이 아픈데도 독서를 멈추지 않아 태종이 내시를 시켜 책을 다 감추게 하고, <구소수간>이란 책만 곁에 두었더니 이 책을 닳을 때까지 읽었다고 한다. 충녕군은 임금이 되어서도 손에서 책을 놓지 않아 밥 먹을 때조차 반드시 책을 펼쳐 좌우에 놓고 밥을 먹었다. <사서삼경>은 물론이고 <사기> 같은 역사책까지 읽지 않은 책이 없었다.

충녕군이 16 살 되던 태종 12년(1412년)에는 경복궁 안에 큰 연못과 함께 우아한 경회루가 세워졌다. 충녕군은 시간이 날 때마다 그곳으로 나가 꽃그늘에 앉아 새소리를 들으며 책을 읽었다. 연못에서 짝을 지어 떠다니는 물오리와 연잎을 바라보며 <시경>에 나오는 시를 읊기도 했다. 그해 6월 3일, 충녕군은 봉호가 한층 높아져 충녕대군이 되었다. 이미 맏형은 양녕대군, 둘째 형은 효령대군으로 불리고 있었다. 이들 삼형제는 성격이 조금 다르기는 했으나 모두가 총명했으며 형제간의 우애도 매우 두터웠다.

그런데 무엇 때문인지 맏형 양녕대군의 행동이 어느 순간부터 갑자기 거칠어지기 시작했다. 장차 아버지 태종의 왕위를 이어받을 왕세자로서 도저히 있을 수 없는 일들을 저지르게 된 것이다. 말과 행동으로 몹쓸 짓을 서슴치 않았다. 한마디로 망나니가 된 것이다.

세 왕자는 손꼽히는 학자나 선비들도 입을 다물지 못할 만큼 글재주가 뛰어나고 지혜로웠다. 그 중에서도 양녕대군은 글씨를 아주 잘써서 명필이라는 칭찬을 듣기도 했다. 국보 제 1호인 숭례문崇禮門이라는 현판도 양녕대군의 글씨라는 설이 유력하다. 둘째 형 효령대군 역시 글은 물론이고 활 솜씨도 명궁에 가까울 정도였다. 그러나 학문과 슬기와 너그러운 마음씨 등 여러 모로 보아 막내 충녕대군에 미치지는 못했던 것 같다.

양녕대군의 행동은 그 누구도 막을 수 없는 지경에 이르렀다. 또 밤이면 공부를 하는 척, 촛불을 켜놓고 궁궐을 몰래 빠져 나가는 일도 잦아졌다. 행여 누가 알아볼까봐 일부러 평범한 옷차림을 하고 감쪽같이 궁궐 밖으로 사라지곤 했다. 하지만 꼬리가 길면 밟히는 법이다. 소문을 들은 조정 대신들이 그냥 있을 리 없게 된 것이다. 조정 대신들이 들은 대로 양녕대군의 비리를 태종에게 말하고 양녕대군을 엄히 타일러 달라고 고했다.

이 말을 들은 태종은 화가 머리끝까지 치솟았다. 당장 양녕대군을 불러들여 크게 꾸짖고 다시는 법도에 어긋나는 행동을 하지마라고 엄히 꾸짖었다. 하지만 양녕대군은 다시 궁궐 밖으로 돌아다니다가 발각이 되어, 태종 18년(1418년) 5월, 결국 세자의 자리에서 내쫓기는 불행한 사태를 맞게 되었다.

왕세자 폐위를 반대하고 나선 대신은 이조판서 황희였다. 황희는 다른 대신들의 눈치를 보지 않고 눈물어린 하소연으로 양녕대군을 감싸고 나섰다. 태종은 황희를 크게 꾸짖고, 황희를 비롯해서 평소에 세자의 폐위를 반대했던 신하들을 모조리 귀양 보냈다.

마침내 그해 6월, 충녕대군이 세자로 책봉되었다. 그때 여러 신하들이 양녕대군의 맏아들을 왕세손으로 삼자고 주장했지만 영의정 유정현 등이 반대하고 나섰다. 어질고 총명한 충녕대군을 세자로 삼아야 한다고 맞섰던 것이다. 이에 태종이 평소의 자기 생각을 밝혔다.

"과인도 영상대감의 생각과 같소이다. 이 나라와 백성을 위해서는 무엇보다 어진 임금이 필요하오. 충녕을 세자로 삼겠소. 충녕은 본디 성품이 어질고 온순할 뿐만 아니라 학문을 좋아해서 임금으로서 마땅히 행해야 할 길을 잘 알고 있으리라 믿소."

그러나 충녕대군은 세자의 자리를 눈물로써 사양했다. 그것도 세

차례나 사양했다. 아마도 맏형 양녕대군에 대한 형제간의 도리 때문이었을 것이다.

충녕대군이 세자로 책봉된 지 2개월 뒤인 태종 18년(1418년) 8월 10일, 태종은 갑자기 세자 충녕대군에게 왕위를 물려주겠다고 선언했다. 조정 대신들은 뜻밖의 일에 모두들 깜짝 놀랐다. 대신들은 한결같이 그 뜻을 거두어 줄 것을 간곡히 말했지만 태종의 결심은 확고했다.

세자의 자리에 오르자마자, 곧 바로 왕위에 앉게 된 세자는 몸 둘 바를 몰랐다. 그러다가 또다시 눈물을 흘리며 태종 앞에 엎드렸다.

"아바마마, 이 명을 거두어 주시옵소서. 소자는 아직 너무 어려서 만백성을 다스릴 힘이 없사옵니다. 아바마마의 가르침을 받고자 하오니 부디 통촉하여 주시옵소서."

세자는 여러 차례 사양을 했으나, 태종의 뜻을 되돌릴 수는 없었다. 마침내 태종 18년 9월, 세자 충녕대군은 경복궁 근정전에서 제 4대 임금으로 왕위에 올랐다. 세종 임금은 왕위에 오른 그날부터 나라와 백성들을 위해 해야 할 일들이 너무나 많았다. 그러나 세종은 자신의 성품대로 서두르지 않고 차분하게 정사를 펴나갔다. 아침이면 만조백관이 참석하는 조회를 열고 나라의 중요한 일을 논의했다. 세종은 특히 학문 연구에 많은 관심을 기울였다. 또한 부모에 대한 효도와 형제간의 우애를 두텁게 하는데 온갖 정성을 다했다. 아무리

바쁜 정사가 있어도 아침저녁으로 꼭 상왕께 문안을 드리는 등 효성을 정사만큼이나 중요하게 여겼다. 상왕이 된 태종은 이와 같은 세종의 지극한 효도에 무척 흐뭇해했다.

한편 세종은 귀양 간 양녕대군을 풀어 주도록 태종에게 간곡히 간청했다.

"아바마마, 양녕 형님은 지난날의 잘못을 깊이 뉘우치고 있사오니 이제 용서하여 주시옵소서."

세종의 간청으로 결국 양녕대군은 귀양살이에서 풀려났고, 그 후에도 세종은 기회가 있을 때마다 잔치를 베풀어 형 양녕대군을 위로했다.

수많은 위업 중 첫 번째로 추진했던 업적은 세종 2년(1420년) 3월에 있었던 집현전의 설치였다. 집현전이란 궁중에 설립한 학문연구기관이다. 세종은 왕이 되자마자 젊은 학자들을 모아 연구하기 위해 신하들에게 이렇게 명령했다.

"나라가 발전하기 위해서는 국가 정책을 깊이 있게 꿰뚫어 보고 분석하며 연구하는 학사(학문연구를 전문으로 하는 선비)들이 필요합니다. 그러니 어서 빨리 집현전을 설치하도록 하시오."

하지만 세종이 그토록 고대하던 집현전은 1년이 지나서야 설치되었다. 집현전은 일종의 왕립 학술원으로 훗날 '훈민정음'이 태어난 바로 그 역사적인 연구의 현장이다. 세종은 집현전을 설치한 후에 과거에 합격한 어질고 뛰어난 젊은 인재를 뽑아 학사로 삼았다. 처음에는 10명 정도였으나 나중에는 20명으로 크게 늘렸다. 세종은 이들 학사들로 하여금 오로지 학문 연구에만 몰두하도록 했다.

상왕인 태종은 충녕대군에게 왕위를 물려주고 상왕 자리에 앉은 후에도 통치 의욕을 좀처럼 거둘 줄 몰랐다. 특히 군정관계는 자기가 직접 챙기고 있었다. 그러자 무관들 중에서 "어찌 호령이 두 군데서 나온단 말인가? 한 군데서 나와야 한다."는 불평이 일기 시작했다. 이 소문을 들은 상왕은 노발대발하여 세 명의 장군과 한 명의 정부 고관을 죽여 버렸다. 상왕이 된 지 겨우 4개월 만에 이러한 일을 저지른 태종은 그 후에도 여러 경로를 통하여 정치에 간섭하였으나 세종 4년(1422년) 5월에 56세로 사망했다.

하지만 상왕 태종은 죽기 전, 아들인 세종에게 둘도 없는 선물을 남기고 갔다. 그것은 세자 교체 때 최후까지 반대하다가 추방당한 황희를 불러들여 대신으로 복귀시킨 것이다. 함부로 살상 행위를 거듭한 태종이었으나 목숨을 걸고 정론을 말한 황희의 인간성을 높이 평가하고 있었던 것이다. 그래서 황희가 추방된 곳으로 사람을 보내어 때를 기다리라고 전하며 위로하였다고 한다.

1422년 2월, 4년 만에 서울로 돌아온 황희는 이미 나이 60세였다. 세종은 아버지의 뜻을 기꺼이 받아들여 황희를 요직에 앉혔다. 황희는 청렴결백하다는 평판을 받은 사람으로, 정의감도 강하고 도량이 넓으며 이해가 빠른 사람이었다. 황희는 24년간 정승의 자리에 있으면서 18년 동안이나 영의정으로 일했다.

세종은 32년 재위 기간 동안 사서四書를 중심으로 총 1898회 경연을 했는데 월 평균 5회 꼴이다. 세종 6년부터는 사서 강독이 이루어졌다. 사서는 각 권마다 보통 한 달씩 강독했다. 또한 세종은 경연에서 직접 <중용>을 강독하며 '중용의 원리'를 강론했으며 한편으로는 현실 정치에서 그것을 실천했다.

<중용>은 최고 통치자인 군주를 위한 실천 서적이다. 단지 윤리적인 실천의 책이 아니라 정치적인 실천의 책이었다. 세종은 <중용>에 거론되는 순임금과 문왕, 무왕과 같은 성인의 정치를 자신의 임무로 여기며 조선 백성들에게 실현하고자 노력을 기울였다.

세종 임금이 역사상 위대한 업적을 남기게 된 것은 백성을 먼저 생각하는 학문 정신과 함께 집현전 학사들에게 대한 각별한 보살핌, 도천법을 통해 민족적으로 인재를 널리 발굴하는 등 훌륭한 정치를 편대서 비롯된 것이다. 특히 집현전 학사 가운데 대표적인 인물은 정인지, 성삼문, 박팽년, 신숙주, 최항, 남수문, 권채, 신석조 등이며, 또한 경상도 동래현의 관노 장영실은 도천법에 의해 세종 임금의 부름을 받아 강우량을 측정하는 기계인 측우기 제작에 큰 공을 세웠다.

세종 임금의 이와 같은 학문과 선비사랑, 그리고 새로운 인재 발굴을 위한 제도 개혁 등으로 나라의 훌륭한 인재들이 많이 배출되었다. 또한 이들 인재들을 통해서 역사상 일찍이 보지 못했던 수많은 서적들이 간행되었다. 경서와 더불어 천문, 지리, 과학, 의학 등 다양한 분야에 걸쳐 많은 책들이 쏟아져 나왔다. 한마디로 우리나라 역사상 유래 없는 학문과 문화의 황금시대를 이루게 되었다.

세종은 생각을 거듭한 끝에 먼저 형벌과 세금제도를 개혁했다. 백성들에게 함부로 형벌을 가하지 않고, 세금은 가볍게 들어주기 위해서였다. 세종 3년 12월, 죄인을 사형시키는 경우에는 반드시 세 번 심판을 해서 신중하게 처리하도록 했다. 그 후 세종 8년에는 금부 삼복법을 만들어 억울하게 형벌을 받는 일이 없도록 했다. 삼복법三覆法이란 한 가지 사건을 세 번에 걸쳐 조사하고 판결해서 억울한 사람이 없도록 하는 법이었다.

뿐만 아니라 세종은 백성들의 세금을 덜어 줄 새로운 법을 만드는 데도 힘썼다. 당시에는 농사가 모든 산업의 근본이자 으뜸이었고 백성들 역시 농사가 가장 중요한 삶의 터전이었다. 나라에 바치는 세금도 돈보다는 주로 곡식이었다. 그러나 흉년이 들거나 비가 오지 않아 논밭이 메마르면 정해진 세금을 제 때에 제대로 바치기가 힘들 수밖에 없었다. 이런 백성들의 어려운 형편을 보살펴 주려고 세종이 만든 새 법이 바로 환곡법이었다. 나라에서 창고를 만들어 평소 곡식을 잘 저장해 두었다가 백성들의 사정이 어려울 경우, 곡식을 꾸어주고 다시 거둬들일 때는 곡식으로 이자를 조금 붙여 받아들였던 것이다. 이것이 곧 환곡법의 목적이었다.

세종 12년(1430년), 5개월에 걸쳐 여론 조사를 실시한 후에 종래의 제도를 폐지시키고 새로운 제도를 추진하게 되었다. 정인지는 어명을 받아 오랫동안 연구를 거듭한 끝에 공법貢法이라는 새로운 법을 제정했다. 이 법은 각 지방의 토질의 좋고 나쁨과 그 해의 풍년과 흉년을 정확하고 세밀하게 따져 세금 액수를 매기는 것이었다. 즉 토지를 6등분으로 하되, 그 해의 기후, 강우량, 해충 등 세부적인 조건에 따라 9등분으로 나눠 세금을 정하는 내용이었다. 과거보다는 훨씬 과학적이고 공평한 방식이었다. 세종은 이 공법을 시행하기에 앞서, 이에 대한 심층적인 연구를 위해 세종 18년, 공법상정소貢法詳定所를 설치해 연구를 계속 하게 한 뒤에 여러 번 수정하여 세종 26년에야 최종적으로 공법을 확정했다.

세종은 그저 책과 학문만을 가까이 한 임금은 아니었다. 세종은 사상 처음으로 우리 영토의 경계를 확실히 정했다. 우리나라의 국경을 개척하고 분명하게 경계를 짓는 일이 그것이었다. 그야말로 문무를 겸한 임금이었다. 즉 학문과 군사적인 능력을 두루 갖춘 왕이었다. 세종은 명나라와 서로 원만한 외교를 유지하면서도 우리나라의 자주성을 결코 잃지 않았다.

상왕인 태종은 일본과의 협상 제의를 단호히 거절했다. 그러나 세종 4년, 아버지 태종이 승하하자, 세종은 일본과의 협상 문제를 끄집어내었다. 세종 25년에는 일본과 조약을 맺고 부산포, 내이포, 염포 등 삼포에서 그들 멋대로 물건을 사고 팔 수 없도록 규제했다. 아울러 그들의 무역선도 1년에 50척으로 제한하는 등 우리나라가 무역의 주도권을 갖고 통제와 감시를 하면서 그들과의 평화를 유지해 나갔다.

세종 15년(1433년), 세종은 용맹한 장수 김종서를 지금의 함경도인 함길도 절제사로 임명하여, 그 지방을 개척하는 총책임자로 내보냈다. 제아무리 사나운 여진족도 김종서 장군의 용맹과 뛰어난 전략에는 당해낼 수가 없었다. 국경 수비와 개척이라는 중대한 임무를 맡은 김종서는 마침내 여진족을 정벌해서 옛날의 우리 땅이었던 경원을 되찾았으며, 이어 함경북도 변방 두만강 부근에 종성, 회령, 경원, 경흥, 은성, 부령 등 여섯 군데에 육진六鎭을 개척하고 성을 쌓아 우리의 국경선을 분명하게 확정했다.

세종 임금은 음악에 대해서도 남다른 관심을 갖고, 우리교육의 음악과 악기를 발전시키기 위해 노력을 했다. 세종은 여러 신하들과 더불어 옛 음악과 악기에 대해 두루 의견을 나누었고, 마침내 음악을 연구하는 음악도감을 두어 음악의 원리를 직접 강의하기도 했다.

박연은 문과에 급제하여 집현전 교리와 시강원 문학 등의 벼슬을 지냈다. 세자 때부터 가까이 모셨던 세종이 왕위에 오르자, 세종과 박연의 운명적 만남이 다시 이어지게 된 것이다. 세종은 박연이 음악의 천재라는 것을 알고 마침내 옛 음악을 혁신하고, 나라의 정악을 새로이 다듬고 재창조하기 위한 재작업을 시작했다. 세종은 박연을 악학별좌의 자리에 앉혀, 악기의 제작과 악보의 편찬에 힘쓰도록 지원을 아끼지 않았다. <세종실록> 136권에서 147권까지 실린 <아악보>는 현재까지 보존된 동양 최고의 악보로서, 우리 음악에 대한 임금과 신하의 열정이 600여 년에 가까운 지금까지도 악보 속에 그대로 담겨 있다.

세종은 여러 분야에 걸쳐 수많은 업적을 남겼다. 그 중에서도 훈민정음, 즉 한글의 창제는 가장 위대한 업적으로 남아있다. 한글 창제는 우리나라 역사상 가장 빛나는 업적이자, 세계적인 자랑거리다. 세종이 한글을 만들게 된 것은 왕자 시절, 완전히 한문으로 된 책으로 공부하면서 많은 어려움과 불편함을 느꼈던 데서 비롯되었다. 아무리 총명한 왕자였지만, 글을 제대로 익히기 위해서는 책 한 권을 수십 번, 또는 일백 번씩이나 읽어야만 했다.

세종은 한글 창제의 근본 목적을 두 가지로 생각했다. 첫째는 글자를 간단하게 만들어서 누구나 쉽게 배울 수 있어야 한다. 둘째는 자신의 뜻을 담아 전달하는데 조금도 어려움이나 불편함이 없어야 한다. 세종은 서두르지 않고 백성들이 쓸 수 있는 글자를 만들기로 결심했다. 세종은 소리글자로 기본 방향을 잡고 이에 대한 세부적인 연구를 계속해나갔다.

세종은 훈민정음 창제를 완결하기 위해 명나라 최고의 음운학자 황찬까지 이용했다. 마침 한림학사 황찬이 요동으로 귀양 왔다는 소식을 듣고, 세종 26년부터 3년 동안 성상문 과 신숙주 등은 열세 차례나 요동을 왕복하며 <홍무정운>의 음가 표기를 마무리했다.

처음에 세종은 일부 집현전 학사들에게조차 새 글자 개발을 비밀에 부쳤다. 세종은 새 글자를 만든다는 사실이 알려지면 한문을 최고로 여기는 집현전 원로학사들이 강력하게 반대할 것이라고 생각하고 비밀에 부친 것이다.

세종은 소헌왕후와의 사이에서 8남 2녀를 두었는데, 맏이인 정소공주는 어려서 죽었다. 첫째 아들이 문종이 되고 둘째 아들 수양대군이 나중에 세조가 되었다. 문종의 동생이자 세조의 누나인 정의공주는 언어감각이 뛰어나 세종의 훈민정음 연구에 도움을 많이 주었다. 세종은 궁리 끝에 은밀히 왕자들을 불러 모았다. 그리고 종이에 글자를 한자 한자를 써놓고 그들에게 소리 내어 읽어 보도록 했다. 세종은 글자의 소리와 함께 그들의 입모양을 유심히 살폈다. 소리글자인 우리 한글의 첫 원리는 이렇게 시작되었다.

세종은 당시 나이로 마흔을 훨씬 넘긴데다 몸에 병이 들어 건강상태가 좋지 않았다. 모음을 먼저 만들고 다음에 자음을 만들었다. 그리하여 28자를 만들었다. 세종이 이 나라 백성들을 위해 아픈 몸으로 마침내 훈민정음을 완성한 것은 1443년 12월 30일이었다. 여러

곡절을 겪기는 했지만 훈민정음 창제는 우리 역사상 가장 빛나는 업적 가운데 하나이다. 이 일을 성공시킨 세종과 세종의 자식들 그리고 집현전의 젊은 학사들 정인지, 최항, 박팽년, 신숙주, 성삼문, 이현로, 이개, 강희안 등의 업적은 크게 칭송 받아야 할 것이다.

세종은 훈민정음을 널리 알려 백성들이 새로운 글자를 익히고 누리기를 바랐다. 그러나 가장 믿었던 집현전 학사들이 반대를 하고 나섰다. 집현전의 모든 학사들이 반대를 한 것은 아니었으나 부제학 최만리를 비롯한 직제학 신석조, 직전 김문, 응교 정창손 등이 심하게 반대했다. 세종은 단호히 그들의 주장을 물리치고 자신의 뜻을 강력하게 펴나갔다. 세종은 훈민정음 반포를 반대하는 학사들을 모두 투옥시키고, 그 다음날 풀어주었으나 최만리는 끝까지 세종의 뜻을 받아들이지 않고 사직서를 내고 말았다.

세종은 집현전의 직제학 정인지를 비롯해 최항, 박팽년과 신숙주, 성삼문, 강희안과 이개, 이선로 등 여덟 명의 학사들에게 훈민정음의 해설서인 <훈민정음 해례본>을 편찬하도록 명했다. 3년 뒤에 훈민정음의 해설서인 <훈민정음 해례본>이 탄생했다.

세종은 <훈민정음 해례본>을 반포한 후에 역대 임금들의 업적을 훈민정음으로 적은 노래를 만들라고 명하였다. 그것이 바로 건국의 시조들을 찬양하고 왕조의 창건을 노래한 <용비어천가>였다. 1445년 4월에 편찬하여 1447년 5월에 간행된 <용비어천가>는 성삼문,

정인지, 신숙주, 최항, 박팽년 이개 등이 10권으로 지은 책으로, 조선 왕조 창업 전후에 있었던 선대들의 위업을 노래한 시가집이었다. 세종은 <용비어천가>를 지어 조선 건국의 정당성을 일반 백성들에게 널리 알리고 싶은 마음도 포함된 것으로 보인다. 총 125장으로 구성된 이 시가집은 한글 최초의 대서사시었다. 세종은 이와 같은 여러 단계의 시험을 거쳐 1446년 9월, 마침내 역사적인 훈민정음을 반포하게 되었다.

세종은 수양대군의 <석보상절>과 자신이 쓴 <월인천강지곡>을 펴낸 1449년, 그해 병환이 점점 악화되기 시작하더니 이듬해인 1450년 2월 17일, 자신이 세자 시절에 살던 영응대군의 집 동별궁에서 승하했다. 그 때 세종은 임금의 자리에 오른 지 32년, 나이 54세였다. 우리나라의 역사를 빛낸 위대한 세종대왕은 그렇게 마지막 길을 떠났다.

세종의 통치 기간은 조선과 대한민국 역사를 통틀어 가장 영광을 누린 시대로 평가하고 있다. <세종실록>은 세종대왕을 '해동의 요순'으로 <율곡전서>는 '동방의 성주'로 칭하고 있다. 세종대왕은 백성을 하늘처럼 여기고, 헌신하는 임금, 인재를 선발하고 길러서 그들이 마음껏 일할 수 있도록 자리를 만들어주는 임금, 신하들의 의견을 귀담아듣는 임금, 억울한 재판이 없도록 하고 사회적 약자를 우선적으로 배려하는 임금, 외교로 전쟁을 막고 문화 융성을 위해

애쓴 임금, 자기 관리를 철저히 하려고 노력하는 임금, 세종대왕은 바로 그런 임금이었기에 대왕이 될 수 있었던 것이다.

세종대왕은 세종 28년(1446년), 바로 훈민정음이 완성되던 그해 3월에 52세로 세상을 떠난 소헌왕후와 함께 경기도 광주에 합장으로 모셨다가, 예종 1년(1469년)에 지금의 경기도 여주군 능서면 왕대리로 옮겨졌다. 이곳이 바로 영릉이다.

앤드류 카네기

(Andrew Carnegie : 1835-1919)

아메리칸 드림을 실현한 카네기는 1835년 11월 25일, 스콧랜드의 덤퍼믈린이라는 작은 도시에서 태어났다. 에든버러 북서부의 구릉지에 위치한 덤퍼믈린은 스코틀랜드의 역사가 살아 숨 쉬는 옛 수도였다. 그는 아주 가난했기 때문에 변변한 교육조차 받을 수 없었다. 그곳 마을 학교에 다닌 것이 그가 어린 시절에 받은 교육의 전부였다.

앤드류의 아버지 윌리엄은 직조 기술자, 그러니까 수동식 직조기를 이용하여 옷감 만드는 일을 하는 가난한 노동자였다. 한 때는 제법 좋은 시절도 있어서 몇 대의 직조기를 들여왔고 조수까지 고용했다. 하지만 얼마 못가서 산업혁명으로 인해 기계로 옷감을 생산하는 일이 급속히 확대되었다. 그에 따라 일일이 손으로 옷감을 만드는 것은 경쟁력을 잃었고 직조 분야의 경기도 급속히 나빠졌던 것이다.

앤드류의 어머니인 마거릿은 스코트랜드 남부의 모리슨 가 출신으로 단호한 성격과 충실하고 확고부동한 의지를 가진 여성이었다. 그녀는 수입이 줄었음에도 남편에게 불평하지 않았고 게으름을 피우거나 흐트러진 모습을 보이지 않았다. 비록 싸구려 천으로 만든 옷이지만 늘 깨끗하게 세탁해서 풀을 먹이고 빳빳하게 다림질을 해 입고 다녔다. 그녀는 앤드류의 삶에 있어서 가장 큰 영향력을 미친 사람 중 한 사람이었다.

하지만 카네기는 어린 시절부터 말을 아주 잘 하고 사람을 부릴 줄 알았다. 그의 어린 시절과 관련해 많이 언급되는 일화가 있다. 어느 날 앤드류의 아버지 윌리엄은 새끼를 밴 암토끼 한 마리와 비둘기 한 마리를 가지고 집으로 왔다. 아마도 옷감을 짠 대가로 돈을 대신해서 받았을 것이다. 얼마 안 가서 그 토끼는 새끼를 열네 마리를 낳았다. 당시 카네기의 집에서는 토끼에게 먹이를 구해다 주는 일은 결코 쉬운 일이 아니었다. 동네 아이들은 귀여운 토끼 새끼를 무척 갖고 싶어 했다. 그래서 그가 꾀를 내었는데, 친구들에게 클로버와 질경이를 뜯어 주면 새끼 토끼에게 클로버를 따오는 친구의 이름을 붙여주겠다고 한 것이다. 많은 친구들이 귀여운 토끼 새끼에게 자기의 이름이 붙여진다는 기대감으로 다투어 클로버와 질경이를 뜯어

가지고 왔던 것이다. 그는 이 일을 두고 훗날 다음과 같이 회상했다. "나는 이 일을 귀중한 추억으로 여기고 있다. 내가 사물을 잘 이해하고 있어서가 아니라 나보다 사물에 대해 더 잘 알고 있는 상대를 발견하는 재능 때문에 나는 성공할 수 있었다."

카네기는 1848년에 미국으로 이민을 갔다. 아버지는 자기가 직접 짠 천을 가지고 행상을 했고, 어머니는 이웃집 빨래를 해 주기도 하고 구두공장의 막일을 맡기도 했다. 카네기는 면직물 공장에 들어가 일을 했다. 고작 열네 살이었지만 그는 열심히 일했다. 지금이야 청소년들에게 고된 공장 노동을 시키지 않지만, 1800년대에 가난한 집에 십대 청소년들은 어른과 똑같이 혹은 어른보다 더 형편없는 대우를 받으며 노동을 해야만 했다. 카네기는 거의 걸레처럼 보이는 누더기 옷을 입고 면직물 공장에서 일했다.

카네기는 속옷이 한 벌밖에 없었다. 매일 밤 카네기가 잠든 다음 어머니는 그의 셔츠를 빨아 다림질을 했다. 매일 16시간에서 18시간이나 일하는 어머니를 그는 애틋하게 사랑하여, 22세 때 '어머니가 살아 있는 한 나는 언제까지나 결혼하지 않을 것'이라고 했을 정도다. 그는 그 약속을 확실하게 지켰다. 그가 결혼 한 것은 그로부터 30년 후 어머니가 세상을 떠난 직후였다. 그때의 나이 52세, 하나 뿐인 첫 아기를 본 것은 62세 때였다. 사실 그는 "나의 두뇌는 어머니를 닮았다. 이렇게 성공한 원동력도 어머니를 생각하는 마음이 있었기 때문이다."라고 늘 말했다.

카네기가 면직공장에서 일을 하면서 사귄 친구 보비를 구하기 위해 공장 일을 그만 두어야 하는 일이 발생했다. 보비는 그 공장에서 말썽꾸러기 직공이었다. 어느 날 보비는 만만해 보이는 카네기에게 싸움을 걸었다. 싸움은 카네기의 승리로 끝나고 둘은 친구가 되었다. 그러던 중 어느 날 평소 보비에게 불만이 많았던 공장장이 보비를 해고했다. 해고당한 보비는 홧김에 카네기가 없는 사이에 그의 집에서 통장을 훔쳤다. 이런 경우에 대부분은 보비에게 불같이 화를 낼 것이다. 그런데 카네기는 친구를 다그치지 않고 오히려 그가 공장에서 다시 일할 수 있도록 주선해 보겠다고 약속했다. 카네기는 공장장을 찾아가서 보비가 다시 일하게 해달라고 사정했다. 하지만 공장장은 끝내 보비의 복직을 허락하지 않았다.

보비와의 약속에 대해 말하면서 보비를 복직시키지 않으면 자신도 그만두겠다고 하자 공장장은 카네기에게 당장 나가라고 했다. 그 길로 카네기는 공장을 그만두었다. 보비는 카네기의 이런 모습에 감동되어 이후 평생 카네기의 사업에 조력자 역할을 했다. 이런 사건이 있었던 것이 카네기가 열네 살 때였으니 참으로 놀라운 일이다.

그 후 카네기는 증기기관차의 화부로 일을 시작했다. 후덥지근한 기관실에서 하루 종일 석탄을 퍼 넣는 일이었다. 어린 나이에도 1년이 넘는 기간 동안 이 일을 묵묵히 하는 모습을 지켜본 회사 사장은 카네기를 회계과 보조원으로 승진시켰다. 카네기는 나중에 이 일을 자기 인생의 출발점이자, 어둡고 무더운 기관실에 비하면 하늘로 자리를 옮긴 것과도 같았다고 회상했다. 그는 회계 보조원으로 일하면서 틈틈이 신문과 잡지를 읽었고, 많은 책을 접하면서 조금 더 배우고 싶다는 욕망을 품었다.

카네기는 회계 보조원으로 일을 하다 보니 도무지 읽고 싶은 책을 볼 시간이 나지 않았다. 그래서 그는 그 일을 그만두고 전보 배달부 일을 시작했다. 일급은 56센트로 그에게는 큰돈이었다. 낯선 고장이어서 그곳 사정을 잘 모르는 탓으로 언제 감원 대상이 될지 몰랐다. 그래서 그는 상업지역에 있는 회사 이름과 소재지를 모조리 암기했다. 뿐만 아니라 어떻게 해서든지 전신기사가 되고 싶었다. 그래서 매일 밤늦게까지 전신에 관한 공부를 하면서 새벽 일찍 전신국에 출근하여 키를 치며 연습했다. 전신회사의 소장 앤더슨은 카네기의 열의에 호감을 느껴 자기 도서실에서 책을 마음껏 볼 수 있도록 배려했다. 이로써 카네기는 열일곱 살에 전신 기사에 버금가는 전신지식을 쌓았다.

학력이라고는 고향에서 초등학교를 조금 다닌 것이 전부였지만, 사회생활 초기에 카네기는 남다른 근면과 성실함을 무기로 상사들의 호감을 샀으며 간혹 찾아오는 행운의 기회를 놓치지 않고 최대한 이용했다. 전신국에서 전보 배달원으로 근무할 때가 대표적인 사례이다. 카네기는 전신국에 취직하자마자 어깨 너머로 전신 업무를 익혀 두었다.

어느 날 전신기사가 없는 사이에 급한 전신이 도착했다. 카네기는 그 동안 배운 기술로 차분하게 전신을 받아 놓았다. 이 사실을 안 지배인은 카네기를 전신기사로 채용했다. 그리고 얼마 후 철도부 관계자인 토머스 스콧은 카네기의 열의를 높이 사 철도부 전신기사로 뽑아갔다. 철도부 전신기사로 일할 때 카네기의 능력을 보여 줄 사건이 발생했다. 지배인이 없는 사이에 열차 충돌이 예상되어 열차를 1시간도 넘게 대기시켜야 하는 상황이 벌어진 것인데, 지배인이 서명한 공식 열차 운행표가 있어야만 열차 운행을 할 수 있었지만 카네기는 모든 것을 자신이 책임을 지기로 하고 직접 열차 운행표를 짜서 사고를 방지했다. 이는 지배인의 권한을 넘본 것이기 때문에 혼날 것을 예상했는데, 스콧은 사고를 치밀하게 잘 막아주었다고 칭찬하며 카네기를 자기 비서로 발탁했다.

1859년, 카네기는 펜실바니아 철도회사의 서부 지역 총책임자가 되었다. 그가 사업에 본격적인 관심을 가지게 된 것은 스콧으로부터 철도회사의 주식을 받으면서부터였다. 한 달 만에 주식이 크게 올라 뜻밖의 이익을 보게 된 카네기는 이때부터 주식에 흥미를 갖게 되고 사업체를 구성하기 시작했다. 그는 어느 날, 기차 안에서 한 발명가의 옆자리에 앉게 되었다. 그 발명가는 “이것이 내가 최근에 발명한 신식 침대차입니다."라고 하면서 그에게 그 모형을 자랑했다. 당시의 침대차는 화차의 양쪽에 선반을 매단 어설픈 것이었지만, 그 발명가가 보여준 새 모형은 현대의 침대차와 꽤 비슷한 것이었다. 선견지명이 있던 그는 '이 발명품은 틀림없이 성공할 것이다.'라고 판단하고 빚까지 내어 신식 침대차 제조회사의 주식을 샀다. 아니나 다를까 높은 배당이 붙었다. 그는 불과 25세 때에 침대차 제조회사와 석유회사의 투자 배당으로 년 5천 달러를 벌여 들였다.

1867년 유니언 제철소, 1870년에 루시 용광로 회사를 연이어 설립하며 폭을 넓히기 시작한 카네기는 1872년에 영국의 베서머 제강소를 방문해서 독특한 방법으로 생산되는 강철의 놀라운 잠재력을 깨닫게 되었다. 그리하여 미국에 있는 자신의 제철소에 새로운 공정 방법과 함께 베서머 제강소의 방식을 도입하여 큰 성공을 거두었다.

이에 만족하지 않고 카네기는 1875년에 에드거 톰슨 강철 회사를 설립하고 프릭 코크스 회사의 홈스테드 제강소를 사들여 합병했다. 1892년에 카네기는 기존의 철강 관련 사업체를 하나로 묶어 카네기 철강 회사를 결성했는데 이 회사는 미국 철강의 1/4을 차지할 정도로 막강한 위력을 행사했다.

카네기는 제철소, 광산, 원료 수송용 배 및 철도 등과 같은 강철 분야에만 사업을 집중시켰다. 이른바 문어발씩 경영으로 닥치는 대로 여러 기업들을 합병하는 것이 아니라, 강철분야와 관련 있는 사업에만 투자를 집중한 것이 카네기 경영의 특색이었다. 1890년, 미국의 철강 산업 생산량이 처음으로 영국을 능가했다. 그리고 이것은 전적으로 카네기의 덕택이었다.

카네기는 자기의 가난했던 어린 시절과 그 가난을 벗어나기 위해 끊임없이 일했던 자신의 과거를 돌이켜 보고, "그래, 사람의 일생을 둘로 나눌 수 있다면, 젊었을 때는 재산을 모으고 나이가 들었을 때는 그 재산을 사회에 돌려줘야지."라고 다짐하면서 스스로에게 다음과 같은 글을 썼다.

> 인간이 재산을 쌓아두는 것은 가장 나쁜 우상숭배 가운데 하나다. 오로지 돈만 받고 섬기는 것만큼 인간을 나쁘게 만드는 것은 없다. 다른 사람을 도와주며, 나의 정신적 삶을 키우는 일에 최선을 다해야 한다. 돈을 버는 사업에 지나치게 매달리는 것은 나를 잘못된 길로 빠지게 할 것이 틀림없기 때문이다.

1901년, 카네기의 사업과 기업가로서의 경력은 절정에 올라 있었다. 그런데 그는 갑자기 자기 회사를 모건에게 4억 9200만 달러에 팔았다. 66세의 카네기는 4억 9200만 달러의 어마어마한 돈을 어떻게 사용할지 신중히 고민했다. 그는 먼저 직원들을 위한 야간학교를 설립하려는 벤저민 프랭클린협회에 42만 달러를 기부했다. 청년시절 자신에게 도서관 문을 열어 주었던 앤더슨에게 감사하는 마음이 있었고, 이런 마음을 영국, 미국, 캐나다 등 3,000여 도서관 설립 지원을 통해 들어냈다.

사실 카네기가 기부를 한 것은 1881년 교향인 스콧트랜드 덤퍼믈린에 도서관을 지어준 것이 처음이었다. 그리고 1895년에는 미국 아르게니 시에 도서관과 강당, 음악당을 지어주었고, 피츠버그에 박물관과 공업학교를 지어주었다. 공업학교는 후에 카네기 공과대학이 되었다. 그는 덤퍼믈린 도서관이 지어지는 것을 본 후에 피츠버그에도 도서관을 세워야겠다고 생각했다.

그는 피츠버그 시에서 도서관을 세울 땅과 운영비를 마련해준다면 25만 달러를 기부하겠다는 편지를 썼다. 하지만 얼마 후에 이 제안을 거절하는 답장을 받았다. 그가 자신의 기념관을 세우고 싶어서 그러는 것이라며 반대하는 의원들이 있었기 때문이다. 하는 수 없이 그는 피츠버그 대신 미국에 와서 처음 살게 된 아르게니 시에 도서관을 세우기로 했다. 그 시에서는 카네기의 돈으로 도서관과 음악당, 그리고 강당을 세웠다. 1890년 도서관이 완공되자 헤리슨 대통령이 찾아와 축하해주었다. 이 소식을 들은 피츠버그 시장은 카네기의 제안을 거절한 것을 후회하고, 피츠버그 시장이 직접 카네기를 찾아왔다. 피츠버그 시장이 지난번 카네기가 제안한 도서관 건립을 허락하겠다고 말하자, 카네기는 "피츠버그 시에서 25만 달러로 부족한 것 같으니 그것의 네 배를 기부하겠다고 했다.

카네기는 도서관을 기증하는 것뿐만 아니라 덤퍼믈린과 피츠버그에 있는 공공단체를 비롯해서 가난한 사람들을 위해 남모르게 돈을 보내주었다. 카네기가 기부를 잘한다는 소문이 퍼지자 많은 곳에서 연락이 왔다. 그러나 그는 그곳에 정말 도서관이 꼭 필요한지 먼저 확인하고, 반드시 필요하면 스스로 땅을 마련하고 책 구입비와 도서관 유지비를 제공한다는 약속을 받고 기부를 했다.

카네기가 기부한 단체 중에서 가장 큰 것은 뉴욕 시에 있는 68개의 도서관을 운영하는 단체였다. 그곳에 약 500만 달러를 기부했다. 그가 도서관을 위해 기부한 돈은 적어도 6,000만 달러, 우리 돈으로 약 670억 원이 넘는 금액이다. 미국에만 2,811개의 도서관을 세웠고, 영어권 나라에 300개의 도서관을 세웠다. 하물며 남태평양의 피지 섬에도 카네기 도서관이 있다.

카네기는 8천개의 오르간을 교회 단체에 기증했으며, 많은 대학에도 기부를 했다. 그 외에 카네기 영웅기금, 카네기 교육진흥기금, 카네기 국제평화재단 등의 설립을 위해 기부했는데, 그 액수가 자그마치 3억 5,000만 달러 이상이라고 한다. 예술가라면 누구나 한 번쯤 공연해보고 싶은 극장인 카네기홀도 카네기가 기부한 돈으로 다시 세워졌다. 카네기홀은 뉴욕 최대의 극장으로 1891년 5월, 차이코프스키가 지휘한 뉴욕 교향악단의 연주회로 처음 문을 열었다. 1898년, 철강왕 카네기가 기부한 돈으로 세워진 뒤로는 '카네기홀'로 불리게 되었다.

현재 뉴욕카네기재단의 기금은 문화사업, 지식전파에 쓰이고 있다. 카네기기술연구소는 멜런대학의 일부로 세계평화에 관심이 많아 '국제평화를 위한 카네기 기금'을 조성해 '헤이그 평화회의'와 같은 평화 활동을 재정적으로 후원하고 있다.

그렇다고 카네기 자신을 위해 전혀 돈을 쓰지 않았느냐 하면 그건 아니다. 쉰두 살이 되어서 서른 살인 루이즈 화이트필드와 결혼한 그는 말년의 행복을 위해 스코틀랜드에 거대한 저택을 지었다. 카네기의 어머니는 그가 결혼하기 직전에 돌아가셨는데, 사는 날까지 호화롭고 사치스러운 삶을 살았다.

하지만 케네기 자신은 대단히 검소했고, 유행에 따르지 않았으며, 격식만 차리는 상류사회의 삶을 싫어했다. 그래서 사교계에는 나가지 않았다. 또한 자신의 사랑하는 딸을 재벌 가문에 시집보내지 않고, 평범한 가문 출신이지만 유망한 청년 철도 감독과 결혼시켰다.

젊은 시절 철도 선로에서 일하면서 꾀부리지 않고 일한 덕택에 카네기는 부귀를 얻을 수 있었다. 하지만 동시에 평생 그를 쫓아다닌 병도 얻었다. 그 때 얻은 일사병으로 더운 날 그는 녹초가 되곤 했다. 비교적 장수한 그는 1919년 8월 11일 평안한 가운데 섀도브룩에서 84세를 일기로 세상을 떠났고, 뉴욕에 있는 '슬리피 할로우' 묘지에 묻혔다. 탁월한 수완으로 부를 축척한 다음 그 돈을 가치 있게 씀으로써 후회 없는 인생을 보내고 평안히 잠든 것이다. 그의 저서로는 <부의 복음>, <카네기 자서전> 등이 있다.

한 사회에서 부자가 되었다는 것은 바로 그 사회로부터 많은 것을 얻어갔다는 것을 뜻한다. 그렇기 때문에 다시 사회에 자신의 부를 되돌려주는 것은 어쩌면 당연하다 할 것이다. 사회에 자신의 부를 환원하는 방법으로는 여러 가지가 있다. 소극적이기는 하지만 세금을 정직하게 내기만 해도 지금 우리 사회에서는 대단하다고 칭찬받을 것이다. 그런데 사회가 강제하는 이런 방법들이 아니라, 자신이 이룬 부를 자발적으로 세상 사람들에게 나누어주는 자선행위는 사람들의 마음을 따뜻하게 하는 것이다.

또한 카네기는 미국뿐만 아니라 전 세계 평화를 위해서도 많은 노력을 했다. 헤이그에 국제재판소를 지을 때 많은 돈을 기부했으며 제 1차 세계대전 당시에도 부상자와 세계평화를 위한 카네기의 기부는 기업들이 벌어들인 돈의 일부를 사회에 되돌려주는 기부의 모델이 되었다. 무엇보다도 많은 사람들에게 기부를 하면서 얻은 기쁨과 삶의 참의미를 깨우쳐주었다.

이 책에 거론된 수많은 사람들의 다양한 인생과 비교해볼 때 카네기의 삶은 링컨, 베토벤, 슈바이처, 에디슨 등의 삶과 더불어 가장 성공적인 인생이었으며, 특히 카네기의 삶은 현대인들의 인생좌표에 교훈을 주는 바가 크다고 하겠다.

에이브라함 링컨

(Abraham Lincoln : 1809-1865)

링컨은 1809년 2월 12일, 미국의 켄터키 주 놀린 크리크라는 산골 마을에서 태어났다. 아버지 토마스 링컨은 1806년에 낸시 행크스와 결혼하고 통나무집 단칸방에서 살림을 시작했다. 그의 아버지는 정규교육을 전혀 받지 못했고 재산도 없는 단순한 농장 노동자였다. 그의 어머니도 학교 교육이라고는 전혀 받지 못했고 쉬운 글씨조차 쓰지 못했다. 어린 링컨에게는 누나 사라와 동생 토머스가 있었는데 토머스는 아기 때 죽었다.

오래 전부터 중서부 지방 주민들은 알 수 없는 괴질에 시달렸다. 그 병은 소, 양, 말에게 치명적이었으며 사람의 목숨까지도 앗아가 마을 전체를 쑥대밭으로 만들어버렸다. 근 100년에 걸쳐 역학 조사를 하는 등 병을 일으키는 원인을 알아보았으나 소용없었다. 그러다가 1900년대가 되어서야 비로소 가축들이 독이 있는 서양등골나무를 먹어서 이 병이 발생한다는 사실이 밝혀졌다. 가축들이 먹은 독성분이 젖을 통해 사람에게도 전달되었던 것이다.

1816년 가을, 이 무시무시한 질병이 링컨 가족이 살고 있는 지역을 휩쓸었다. 마침 링컨의 집에서 반마일 떨어진 곳에 사는 곰 사냥꾼의 아내가 이 병에 걸려 죽었고, 그녀를 간호한 낸시 링컨 역시 병이 전염되어 심한 두통과 복통과 구토에 시달렸다. 그녀는 가죽과 낙엽으로 만든 초라한 침상으로 옮겼으나 이미 손발은 차가와졌고, 목이 마른지 애타게 물만 찾았다.

마침내 낸시는 머리도 들 수 없고 말도 제대로 할 수 없게 되었다. 그녀는 링컨 남매에게 사이좋게 지내고 자신이 가르친 대로 훌륭하게 살아가며 하나님을 경외하라는 마지막 당부를 남기고 세상을 떠났다. 1818년 10월 5일, 병에 걸린 지 7일째 되는 날, 그녀는 눈을 감고 말았다.

아내가 죽은 뒤 18개월이 지나 토머스 링컨은 사라 부시 존스턴 부인과 재혼했다. 사라는 그가 켄터키 주에 살 때 이웃집에 살던 여자였다. 토머스가 청혼을 했는데 그녀는 청혼을 받아들이지 않고 어느 교도관과 결혼했다. 그런데 그녀의 남편은 세 명의 자녀를 남겨둔 채 죽고 말았다. 그래서 토머스가 그녀에게 청혼해서 결혼한 것이었다. 사라는 엘리자베스, 마틸다, 그리고 존 삼남매를 데리고 재혼을 한 것이다. 성품이 좋은 새어머니는 아이 둘을 지극 정성으로 돌보았다. 특히 링컨을 친자식처럼 사랑했다.

링컨은 책 읽는 것을 좋아했는데 소작농인 아버지는 아들의 그런 모습을 싫어했다. 하지만 새어머니의 적극적인 도움으로 링컨은 학교에 다닐 수 있었고, 다양하고 풍부한 지식을 쌓아갈 수 있었다. 새어머니가 가져온 책은 <성경>, <이솝 이야기>, <천로역정>, <로빈손 크루소>, 그리고 <신밧드의 모험>이였다. 링컨은 이 책들을 열심히 읽고 또 읽었다. 링컨은 돈이 없었기 때문에 책을 살 수가 없었고, 읽고 싶은 책들을 여기저기서 빌려 읽었다.

어느 날 링컨은 집에서 6km 떨어진 마을에서 책을 한 권 빌려와서 읽었다. 링컨은 그 책이 재미가 있어서 한 번 더 읽었다. 링컨은 책을 다 읽고 통나무 사이에 책을 꽂아 두고 잠이 들었다. 링컨은 깊이 잠이 들었기 때문에 비가 오는 줄도 몰랐다. 아침에 눈을 뜬 링컨은 자기 집이 통나무집이라 비가 새어 책이 다 젖어버린 것을 알았다.

링컨은 눈앞이 캄캄했다. 링컨은 젖은 책을 가지고 주인에게 가서 사실대로 말했다. 그 책은 윔스가 지은 <조지 워싱턴의 전기>였다. 주인은 자기는 다 읽은 책이니 괜찮다고 말했지만, 링컨은 3일 동안 책값으로 책 주인집 일을 도와주었다. 책 주인은 링컨의 행동을 보고 크게 감동해서 책 두 권을 상으로 주었다.

또 한 번은 오하이오 강까지 몇 시간 동안 걸어가서 어느 변호사에게서 인디애나 주 법전을 빌려와서 읽기도 했다. 그가 빌려본 책들 가운데 <스콧의 가르침>에서 가장 큰 영향을 받았다. 그는 그 책에서 대중 연설법과 키케로와 데스데모스테네스(아테네 최고의 웅변가), 그리고 셰익스피어의 작중 인물들의 명연설을 배웠다.

1824년 봄, 링컨은 어느 가게에서 점원으로 일하게 되었다. 가게 일을 도우면서 새로운 책을 읽었고, 이 때 처음으로 신문을 보게 되었다. 링컨은 신문을 읽으면서 하루하루 세상 돌아가는 것을 알게 되었고, 미국의 정치와 사회를 조금씩 이해하기 시작했다.

열일곱 살의 링컨은 어느 새 키가 190cm나 되는 건장한 청년으로 성장했다. 그 무렵 켄터키 주와 인디애나 주의 경계를 이루는 오하이오 강에는 많은 여객선과 화물선이 드나들고 있었다. 링컨은 작은 나룻배로 인디애나 주 쪽의 손님을 강 한가운데 있는 여객선까지 실어다 주는 역할을 했다. 돈도 벌 수 있었고, 손님들에게서 세상 돌아가는 얘기도 많이 들을 수 있어서 큰 공부가 또한 되었다.

링컨은 뉴 살렘에 정착하는 동안 잭 켈소라는 사람과 교제를 했는데 그는 시를 몹시 좋아했다. 그는 켈소와 가깝게 지내면서 셰익스피어와 로버트 번즈의 작품을 소개받고 상당한 영향을 받았다. 켈소가 읽어주는 <햄릿>과 <맥베스>를 들으며 링컨은 처음으로 언어가 빚어내는 교향곡이 어떤 것인지를 깨달았고 다음과 같이 감탄했다.
"언어가 빚어낼 수 있는 가없는 아름다움은 어찌 이리 오묘한 것인지! 감각과 감성을 어찌 이리도 한 번에 휩쓸어버릴 수 있는 것인지!" 그는 셰익스피어에게 압도당했으나 로버트 번즈에게서는 사랑과 공감을 느꼈다. 번즈와 셰익스피어의 시를 통해 링컨은 감정과 사랑이라는 완전히 새로운 세계를 알게 되었다.

그러나 그가 가장 놀란 사실은 셰익스피어도 번즈도 대학에 다니지 못했다는 것이었다. 그들 역시 자기처럼 제대로 된 교육을 받지 못했던 것이다.

그때부터 링컨은 특히 셰익스피어의 작품에 매달렸다. 그는 어떤 작가보다도 셰익스피어의 작품을 많이 읽었고, 그래서 그의 문체에는 셰익스피어의 영향이 그대로 남아 있게 되었다. 그는 대통령이 된 후 남북전쟁으로 인한 고뇌와 번민으로 마음이 무거울 때에도 셰익스피어의 작품을 즐겨 읽었고, 바쁜 와중에서도 셰익스피어 권위자들과 셰익스피어의 극에 대해서 토론을 벌였다. 뿐만 아니라 문제가 되는 내용에 대해서는 그들과 서신을 주고받기도 했다.

어느 날 이웃 마을에 사는 잰트리 씨가 링컨을 찾아와서 부탁을 했다. 잰트리 씨는 큰 상점의 사장이었다. 잰트리 사장은 정직하고 지혜로운 링컨을 깊이 신뢰하고 있었기 때문에 찾아온 것이다. 링컨에게 배로 뉴올리언스까지 상품을 운반하는 일을 해달라는 것이었다. 링컨은 기꺼이 하겠다고 승낙했다. 그 당시 뉴올리언스는 프랑스, 에스파니아, 독일, 포르투갈 등 여러 나라 사람들이 모여 사는 엄청나게 큰 도시로 미시시피 강을 타고 거슬러 올라가면 되는 것이다. 큰 도시 사람들이 사는 모습을 직접 보고 경험할 수 있는 좋은 기회였기 때문이다. 열아홉 살이 된 링컨은 이렇게 해서 뉴올리언스로 가게 되었고, 잰트리 사장의 아들 앨린과 동행을 했다. 링컨과 앨린은 상품을 무사히 운반하여 뉴올리언스의 상점에 전했다.

1830년 3월, 링컨 가족은 새로운 개척지를 찾아 다시 일리노이 주로 이사했다. 이듬 해 스물두 살의 청년이 된 링컨은 이제 아버지의 그늘에서 벗으나 스스로 독립할 때가 되었다고 생각하고, 집을 떠나 뉴 살렘에 있는 어느 가게에서 점원으로 새로운 생활을 시작했다. 링컨은 매우 정직하고 성실하고 또한 친절했다. 또한 책을 많이 읽어서 박식하고 이야기를 재미있게 잘 했다. 그가 일하는 오페로 씨의 가게는 언제나 사람들이 많이 모여들었다. 링컨은 점차 정직하고 믿음직한 인물로 인정받고 친구들도 많이 늘어났다.

1832년 어느 봄날이었다. 일리노이 주 의회 의원 선거가 있었다. 일리노이 주에서 가게 점원으로 일하고 있을 때 주위의 사람들이 링컨이 주의원 선거에 출마하면 선거운동을 해주겠다고 했다. 주민들은 “우리고장에서 자네만큼 성실하고 믿을 만한 사람은 없어”라고 말하면서 링컨에게 용기를 북돋아주었다. 자신이 없었던 링컨은 정치에 관심을 가지고 있었기 때문에 고민하다가 마침내 주의원 선거에 무소속으로 출마하기로 결심했다. 그러나 많은 주민들이 자기 일처럼 선거운동을 해주었지만 선거에 떨어지고 말았다.

링컨이 뉴 세일럼에 있을 동안 선술집 경영을 하는 남부 출신의 제임스 러트리지의 딸 앤이란 매력적인 미모를 가진 여성과 교제를 하였다. 아름답기 그지없는 앤은 열아홉 살 때 그를 처음 만났다. 그녀는 2년제 대학을 마친 후에 결혼하기로 약속하고 마을에서 가장 부자인 존 맥닐이란 사내와 정혼한 상태였다. 그러나 링컨은 정혼한 그녀를 사랑하게 되었다.

그런데 맥닐은 얼마 후에 가게를 처분하고 부모님이 계시는 뉴욕으로 가서 부모님과 가족을 데리고 일리노이로 돌아오겠다고 약속을 했다. 그리고 며칠 후에 그는 앤에게 편지를 자주 쓰겠다는 약속을 남기고 마을을 떠났다.

그때 링컨은 우체국 일을 하고 있었다. 편지를 자주 쓰겠다던 맥닐에게서 편지는 오지 않았고, 앤의 아버지는 병석에 누워 빚쟁이들에게 시달리고 있었다. 몇 달이 지나도 소식이 없자, 앤은 맥닐을 포기하고 자기에게 관심을 가져주는 링컨에게 사랑을 느끼게 되고 두 사람은 점점 더 사랑이 깊어져서 그가 변호사 시험에 합격하면 결혼하기로 약속했다.

1833년, 잭슨 대통령은 링컨을 뉴 살렘의 우체국장으로 임명했다. 우체국장 재직 중 그는 자기 모자에 편지를 담아가지고 다니면서 배달해주는 '무료배달' 제도를 자발적으로 시작했다. 그러면서도 그는 영어문법과 수학을 독학했고, 법률 공부도 열심히 했다.

1834년, 링컨은 마침내 일리노이 주 의회의원에 당선되었다. 그 사이 러트리지 선술집은 망해서 그의 연인 앤은 농가의 하녀로 가게 되었고, 그 역시 그 농장에서 옥수수 농사를 지었다. 저녁이면 그는 앤이 설거지하는 모습을 지켜보곤 했다. 하지만 그들의 말할 수 없는 행복은 강렬한 만큼 짧았다. 1835년 가을, 앤은 장티푸스에 걸렸고, 치료를 해도 소용이 없었고, 결국 그녀는 세상을 떠나고 말았다. 그는 말할 수 없는 고통과 비탄에 빠지고 말았다.

링컨은 1836년에 다시 한 번 더 일리노이 주 의회의원으로 당선되었다. 링컨은 의회 활동을 하면서 열심히 공부해서 1837년 변호사 시험에 합격하여 변호사 활동을 시작했다. 사람들이 축하인사를 하면서 그에게 물었다. "당신은 학교에 다니지 않았으면서도 어떻게 그 어려운 변호사 시험에 합격할 수 있었습니까?" 그는 웃으면서, "모든 것은 바로 이 안에 있습니다. 책이 바로 저의 스승이지요." 라고 말했다.

그는 그해 그러니까 앤이 죽고 나서 2년이 지나서 그는 뉴 살렘을 떠나 스프링필드로 옮겨 갔다. 그는 변호사로서 경험을 쌓기 위함이었다. 그는 몇 권의 법률 서적과 옷가지 몇 벌, 그리고 얼마간의 현금을 가지고 새로운 곳을 찾았다. 링컨은 스피드와 윌리엄 버틀러 같은 좋은 친구를 만나 돈을 쓰지 않고 지낼 수 있었다.

링컨은 스튜어트라는 변호사와 동업을 했다. 스튜어트는 정치학 공부에만 몰두했기 때문에 어쩔 수 없이 사무실 일은 링컨이 처리해야 했다. 하지만 그 당시에는 일도 별로 없었고 사무실 역시 보잘 것 없었다. 가구라고는 '보잘 것 없는 작은 침대, 소가죽 옷, 의자' 밖에 없었고, 몇 권의 법률 서적이 있을 뿐이었다. 그는 스프링필드에서 훌륭한 변호사로서, 또한 정직한 의원으로서 이름이 조금씩 높아지기 시작했다.

1839년, 한 여성이 링컨에게 구혼하는 일이 벌어졌다. 그녀가 2년 후에 그의 아내가 된 메리 토드다. 토드가家는 6세기까지 올라가는 족보를 자랑하는 집안이었다. 메리 토드 할아버지와 증조부들은 장군과 주지사, 해군장군이었다. 그녀는 실속보다는 겉으로 드러난 것에 치중하는 프랑스 학교에서 교육을 받았다. 그녀는 미국 대통령이 될 사람과 결혼하겠다는 신념을 가지고 있었으며 매사에 오만했고 자기가 최고라고 생각하는 여자였다.

그리하여 어려운 과정을 거쳐 1842년 11월 4일, 링컨은 마지못해 메리 토드와 결혼했다, 그들은 아들 넷을 두었는데 셋은 일찍 죽고 장남만 어른으로 성장했다. 링컨은 셋째 아들을 특히 귀여워했고 장남과는 별로 친밀한 사이가 아니라고 말했다.

링컨은 1846년에 연방의회 하원의원에 당선되었는데, 일리노이주 출신의 공화당 의원은 링컨뿐이라고 했다. 1848년 그는 미국과 멕시코 전쟁에 관한 대통령의 담화문 발표를 촉구하는 결의안을 제출하고 1월 12일 처음 하원에서 연설을 했다. 그러나 자기 신념에 따라 대통령을 비난하다가 다른 의원들의 맹렬한 비난을 받게 되었다. 이 일로 임기를 마치고 정치계를 떠난 링컨은 스프링필드로 돌아와 다시 변호사 일을 시작했다.

1850년대에 들어서 노예 문제가 점점 확대되자 1856년 노예제도를 반대하는 공화당에 입당했다. 남부지방 사람들은 목화 농사 때문에 노예제도를 찬성했고, 북부지방 사람들은 반대했다. 이 문제는 노예제도를 날카롭게 비판한 스토어 부인의 <톰 아저씨의 오두막집>을 통해 더욱 뜨겁게 불붙었다. 링컨은 공화당에 들어가 다시 정치활동을 시작했다. 링컨은 뛰어난 연설가였기 때문에 많은 사람들에게 감동을 주면서 빠른 속도로 인정을 받았다.

1858년, 링컨은 연방 상원의원 선거에 출마했다. 이 때 링컨은 더글러스 상원의원과 치열한 경쟁을 벌이고 있었다. 어느 날 링컨과 더글러스가 '노예제도'에 대해 많은 사람들 앞에서 자신의 주장을 말했다. "갈려서 싸우는 집은 설 수가 없습니다. 나는 이 나라가 반은 노예, 반은 자유의 상태에서 영원히 계속될 수 없다고 믿습니다." 링컨은 노예제도로 갈라진 미국인들이 단결해야 한다고 열변을 토했다. 라디오를 통해 이 연설이 방송되자 링컨의 이름은 전국적으로 퍼져 나갔고, 많은 인기를 얻게 되었다. 하지만 선거는 더글러스의 승리로 끝났다.

선거는 끝났지만 노예제도를 '악마가 만든 제도'라고 비판한 링컨을 사람들은 오래 도록 기억하게 되었다. 이 일로 인해 1860년 5월, 링컨은 공화당의 대통령 후보로 선출되었고, 링컨은 스프링필드에서 선거운동을 진행했다. 전국에서 격려의 편지가 산더미같이 날아와 무엇보다도 즐거웠다. 많은 편지 가운데, 뉴욕에 사는 어느 소녀의 편지를 읽어보고 링컨은 마음이 흐뭇했다.

> 저는 열한 살 된 여자 아이예요. 아버지께서 아저씨의 사진을 가지고 오셨는데, 그것을 보며 아저씨가 대통령에 당선되시기를 매일 기도드린답니다. 그런데 아저씨는 왜 수염을 기르지 않으세요? 수염을 기르시면 얼굴이 수척해 뵈지도 않을뿐더러 훨씬 더 훌륭해 보일 것입니다……

링컨은 그 소녀에게 답장을 써 보냈다. 이제부터 수염을 길러 보겠다고…… 그리고 링컨은 곧 수염을 기르기 시작하여 몇 주일이 지난 뒤의 사진에는 턱수염이 가지런해졌다.

1860년 11월 6일, 16대 대통령 선거가 치러졌다. 이튿 날 전국의 개표 결과가 발표되었다. 링컨은 최고 득표자로 대통령에 당선되었다. 나머지 세 사람은 모두 민주당 소속이었다. 민주당은 단일 후보를 내세우지 못하고 갈라졌기 때문에 패배한 것이다.

1861년 3월 4일, 링컨은 미국의 제16대 대통령으로 취임했다. 이날 링컨은 취임연설을 통해 국민들의 마음을 사로잡았다.

"미국은 노예제도란 불행한 일로 국민들이 분열되어 있습니다. 이제 우리는 인종이나 종교의 차별을 버리고 미국이란 이름 앞에 하나로 뭉쳐야 합니다. 우리들은 모두 형제요, 자매입니다. 오늘부터 하나로 굳게 뭉쳐서 자유와 평화가 넘치는 위대한 나라를 건설해 나갑시다."

링컨이 대통령에 취임하자 남부 7개 주는 이에 반발하여 분리 독립을 선언하고 1861년에 앨라바마 주의 몽고메리에서 대표자회의를 개최하였다. 이들은 수도를 버지니아의 리치먼드에 두는 '아메리카 연합'을 조직한 다음, 노예제도를 인정하는 헌법을 제정하고 제퍼슨 데이비스를 대통령으로 선출했다. 그리고 이어서 1861년 4월에 남부가 섬터 요새를 공격함으로써 내란이 시작되었다.

링컨은 취임사에서 '연방제도(국가의 권력이 정부와 주에 동등하게 분배되어 있는 정치 형태)를 지키고 유지하는 것이 나의 최고 목적'이라고 밝혔다. 그리고 링컨은 1863년 1월 1일 세계 역사에 있어서 중요한 '노예 해방 선언문'에 서명을 하고 발표했다.

'1863년 1월 1일부터 미합중국의 모든 주에서 노예로 있는 사람들은 영원히 자유의 몸이 될 것이다. 육해군 당국을 포함한 미국 행정부는 그들의 자유를 인정하고 지킬 것이며, 그들의 진정한 자유를 얻도록 최선을 다할 것이다.'

남북전쟁은 무려 4년 동안이나 계속되었고, 수많은 희생자를 내면서 미국을 불행 속으로 몰아넣었다. 전쟁은 로버트 리 장군이 이끄는 남군이 계속 우세했다. 링컨은 패전을 거듭하는 불리한 상황에서도 '노예 해방 선언문'을 발표해 미국의 흑인 노예들은 해방시켰다. 이 선언문이 발표되자, 노예로 살면서 고통 받던 수백만 흑인 노예들에게 희망과 기쁨을 주었다.

1863년 11월 9일에는 남북전쟁의 최대 격전지였던 게티즈버그 국립묘지에서 링컨은 다음과 같은 연설을 했다. 이 연설은 민주주의 정신을 잘 반영한 유명한 연설이었다. 그 중 일부를 소개하면 다음과 같다.

"세상은 우리가 지금 이 자리에서 말하는 것을 지켜보지도, 기억하지도 않을 것입니다. 하지만 그 용사들이 여기에서 한 일은 결코 잊지 못할 것입니다...... 우리는 명예롭게 죽은 이들로부터 큰 힘을 얻어, 그들이 목숨을 바쳐 지키려던 큰 뜻에 우리 자신을 헌신하고, 그들의 죽음이 헛되지 않도록 노력할 것입니다. 하나님의 가호 아래 이 나라는 새로운 자유의 탄생을 보게 될 것이며,

국민의, 국민에 의한, 국민을 위한 정부는 결코 이 땅에서 사라지지 않을 것입니다."

링컨은 전 세계에 민주주의 정신의 기초를 다지는 데 더 많은 영향을 주었다. 링컨은 국민을 위한 정부의 모습이 어떠해야 하는 지를 보여주기 위해 행정부 제도를 개선하고, 의회 기능을 강화하여 대통령 마음대로 권력을 사용할 수 없게 했으며, 대법원 제도를 개선하여 법으로 나라를 다스릴 수 있게 했다.

링컨은 남북전쟁 중인 1864년 6월 8일 링컨은 공화당 전당대회에서 대통령후보로 다시 지명되었고, 민주당에서는 매클렐런 장군을 지명했다. 링컨은 재선되었고, 1865년 3월 4일, 링컨은 미국 제17대 대통령으로 취임했다.

1865년 4월 3일에 남부의 수도 리치먼드가 함락되고, 4월 9일에는 남부군 총사령관 리 장군이 북군 총사령관 그랜트 장군에게 정식으로 항복했다. 그리하여 남북전쟁은 북군의 승리로 끝난 것이다.

1865년 4월 14일, 링컨은 포드극장에서 상연중인 연극 '우리 미국인의 사촌'을 관람하던 중 배우 존 윌크스 부스의 저격을 받았다. 부스는 여자들에게 인기 있는 미남배우로 연간 2만 달러의 수입을 올리는 청년으로 영원히 유명해질 계획을 세우고 일찍부터 링컨 대통령을 암살하려고 때를 기다리고 있었다. 바로 1m 거리에서 머리를 쏘았기 때문에 치명상을 입은 것이다. 치명상을 받은 링컨은 다음날 아침 7시 22분 숨을 거두었다. 그의 유해는 오크리지 묘지에 묻혔다가, 1874년 10월 15일, 그의 기념관 지하에 마련된 묘지에 안장되었다.

링컨이 대통령후보로 출마했을 때, 링컨을 가장 괴롭힌 사람은 스탠턴이었다. 스탠턴은 미국 전역을 다니며 링컨을 비난했다. 그는 링컨을 이름조차 부르지 않았다. "깡마르고 무식한 자"라고 놀려댔다. 대통령에 당선된 링컨은 주위의 반대를 무릅쓰고 스탠턴을 국방장관으로 임명했다. "그는 나를 비난했지만 국방장관으로 적임자다. 지도자는 공과 사를 구분할 줄 알아야 한다."

그 후 링컨이 암살당했을 때 스탠턴은 자원해서 암살사건을 조사했다. 그는 울먹이며 링컨을 추모했다. "링컨은 역사적인 인물이다. 링컨의 사랑은 사람을 변화시키는 힘이 있다. 그는 이 시대의 위대한 창조자다." 링컨을 무식한 자라고 비난했던 그가 위대한 창조자라는 말로 링컨을 추모했다. 링컨의 복수는 용서하는 것이었고, 공과 사를 엄격하게 구분할 수 있는 훌륭한 지도자였다.

링컨이란 인물에 관해서 완벽하게 묘사하기란 불가능하다. 왜냐하면 외진 숲속 오두막에서 보낸 어린 시절에서 스프링필드의 묘지에 이르기까지 그가 겪은 시련, 고뇌, 불행에 대해서 사람들은 전모를 파악할 수 없기 때문이다.

대통령 재직 중 그는 번민에서 벗어난 순간이 한 번도 없었다. 날마다 새로운 문제들이 밀어 닥쳤고, 해결책을 찾는데 도움이 될 만한 과거의 전례도 없는 가운데 그는 자신의 건전한 상식에 따라 행동했고 모든 위기를 탁월한 솜씨로 극복했다. 국민들과 최고위층 인사들로부터 자주 오해를 받았지만 적절한 시기가 무르익었을 때 그는 모든 의혹을 말끔히 없애 주는 정치가의 수완을 발휘하기도 했다. 정치가를 완전히 이해하려면 그의 인품을 알아야 한다. 세월이 흘러감에 따라 링컨의 고귀한 인품은 세상에 더욱 찬란히 빛났고, 그의 고귀한 정신은 항상 올바른 길을 걸었고, 어떠한 유혹에도 흔들리지 않았다.

오늘날 세계 최고의 강국인 미국을 상징하는 것들에는 성조기와 자유의 여신상, 금문교 등이 있고, 미국을 상징하는 사람으로는 조지 워싱턴과 아브라함 링컨을 꼽을 수 있다. 링컨은 미국 국민들 사이에서 역대 지도자들 중 가장 훌륭한 대통령으로 추앙받고 있는 인물이다. 그가 이토록 시공을 초월하여 추앙을 받을 수 있는 것은 그의 성실함과 정직함, 민중에 대한 사랑, 그리고 그의 대통령 재직 시에 노예제도를 폐지한 공로일 것이다.

앨버트 슈바이처

(Albert Schweitzer : 1875-1965)

20세기 위인 중에서도 한층 그 이름이 높은 앨버트 슈바이처에 관해서 얘기할 때, 우선 부딪치는 문제가 있다. 그것은 슈바이처가 독일 출신이냐, 프랑스 출신이냐 라는 것인데, 그의 이름이 독일식이고 태어난 곳이 1875년 당시 독일 영토였던 알자스였으며, 교육의 태반을 독일에서 받았고 제1차 세계대전 당시 프랑스령 적도 아프리카 가봉에서 흑인들을 치료하기 위해 일할 때에는 독일인이라는 이유로 포로수용소에 수용된 사실을 생각할 때, 슈바이처는 독일 출신이라고 해야 마땅한 것 같다. 그러나 그에 관한 많은 문헌은 그를 프랑스 출신이라고 기록하고 있다.

슈바이처는 1875년 1월 14일, 프랑스 알자스주 카이저스부르크에서 목사의 아들로 태어났다. 어머니도 목사의 딸이었으며, 할아버지는 학교 교사 겸 올겐 연주자였다. 그의 부모는 태어날 때부터 몸이 허약한 아들을 위해 시골로 이사를 했다. 어려서부터 신앙심과 음악적 재능이 풍부하던 슈바이처에게 교회는 신비적이며 즐거운 안식처였다. 그는 이러한 교회 생활 속에서 무의식중에 장엄한 것에 대한 동경과 정직과 마음의 안정감을 찾는 성향을 몸에 지니게 되었다. 필경, 유년 시대의 교회생활에의 밀착이 후년의 그의 신앙에 영향을 미쳐 신비주의적 사상의 형성에 그 어떤 역할을 했으리라 생각된다. 가정이 비교적 부유했던 그는 소년 시절 마을의 가난한 친구들로부터 차별 당하는 것을 가장 싫어했다.

한번은 아버지가 겨울 외투를 지어 주었다. 물론 마을에는 외투를 입은 소년을 볼 수 없었다. 슈바이처는 자기만 외투를 입는 것이 고통스러웠다. 다음 주일, 교회에 입고 가기로 되어 있었으나 입지 않았다. 아버지는 크게 화내었지만 끝내 입지 않았다. 가난한 친구들을 생각할 때 자기만 좋은 옷을 입을 수 없었던 것이다.

스물한 살 되던 여름, 어느 날 아침의 일이었다. 전부터 스스로의 행복에 비해 불행한 사람들이 많이 있다는데 대해 마음 아파하던 슈바이처는 언뜻 이런 생각에 사로 잡혔다. '현재의 나의 행복을 마땅한 일로 받아들여서는 안 된다. 불행한 사람들에게 나 자신도 무언가를 바쳐야 할 의무가 있다.....' 그렇게 생각하고 나서 그는 다음과 같은 결론에 도달했다.

"나는 서른 살까지는 학문과 예술을 위해 살자. 그런 다음부터는 직접 인류에 봉사하는 하는 길을 가자."

어려서부터 음악에 재능을 보였던 슈바이처는 특히 피아노 연주 실력이 뛰어났다. 1893년부터는 파이프 오르간 연주가로 활동하며 이름을 알렸다. 음악학 연구도 계속하여 요한 세바스찬 바흐에 대한 책을 썼으며, 파이프 오르간 구조에 관한 논문을 발표하기도 했다.

슈바이처는 1894년, 파리 스트라부르크 대학교에 입학하여 신학과 철학을 공부했다. 박사학위를 받은 후에는 대학에서 강의를 하면서 교회에서 부목사로 일했다.

1904년 어느 날, 대학 강의를 마치고 집에 돌아오니 파리 선교회에서 만든 작은 책자가 있었다. 그 책에는 아프리카 흑인들의 비참한 생활에 대해 쓰여 있었는데, 콩고의 어느 지방에는 살이 문드러진 문둥병 환자들이 부락에서 쫓겨나고 있다는 내용이 있었다. 그런데 그들을 도와주던 목사가 열병으로 쓰러졌다는 것이다. 그 목사가 떠나면 그 지역은 어떻게 되는가에 대한 내용이었다. 그 책을 읽은 슈바이처는 깊은 생각에 잠겼다.

슈바이처는 철학자이며, 신학 박사이며, 파이프 오르간 연주자이기도 한 사람이지만, 그들을 위해 할 수 있는 일이 없었다. 고통 받고 괴로워하는 그들을 돕지 않는다면 죄를 짓는 것이라고 그는 생각했다. 그는 이미 스물한 살 때 인류를 위해 봉사하는 일을 하기로 결심했다. 그는 지금이 바로 그때라고 생각하고, 의사가 되기로 결심했다. 그의 나이 서른한 살 때였다. 의학 공부를 새로 시작하기에는 늦은 나이였다. 부모님과 주위 사람들의 반대가 심했지만, 그의 결심을 막을 수는 없었다.

슈바이처는 우선 약혼녀 헬레네 브레슬라우에게 말했다. "헬레네, 내 생애를 바쳐야 할 목적지를 찾았소. 바로 아프리카 가봉의 흑인들이오. 그곳에는 무엇보다도 의사가 필요하오. 나는 모든 것을 버리고 의과대학에 들어가겠소. 8년 후에는 떠날 준비가 다 될 거요. 그 오랜 기간 동안 나를 기다릴 수 있겠소? 아프리카의 밀림지대에 나를 묻어주고, 그 사업을 영원히 발전시킬 수 있는 각오가 되어 있소?"라고 말했다.

그리고 슈바이처는 1904년 가을 어느 날, 파이프 올겐의 거장이며 스승인 샤르르 마리 위돌 선생님을 찾아가서 자기의 계획을 헬레네에게 말한 그대로 말씀드렸다. 위돌 선생님은 슈바이처의 말을 듣고 다음과 같이 말씀하셨다. "지금 자네는 무엇인가 잘못 생각하고 있네. 음악을 수업한 사람이 병을 치료한다고? 그처럼 숙달된 음악적 재능과 명예를 버리고 야만인들을 위해 일한다고? 나는 내 생명처럼 모든 희망을 자네에게 걸고 음악을 가르쳐 왔네. 그런데 이 늙은 나까지 버리고 간단 말인가?" 위돌 선생님의 눈에는 눈물이 어리었다.

"선생님, 저는 어릴 때부터 어떻게 해서든지 불행하고 가난한 사람들을 위해 일해야겠다고 결심하고 있었습니다. 은혜로우신 선생님 곁을 떠나는 것은 마음 아픕니다만, 제가 하고자 하는 일은 오랜 동안에 걸쳐 생각하고 있었던 것으로 일시적인 기분이나 동정이 결코 아닙니다. 저는 아프리카 콩고 지방의 불쌍한 흑인들의 생활을 개혁하는 것이 제 일생 동안 바칠 사업이라고 믿습니다. 백년, 이백년이 걸려도 꼭 이루어야겠다는 결심에는 변함이 없습니다."

슈바이처는 스트라부르크 대학교 의대에 입학했다. 그는 그때까지 차지했던 사회적 지위를 모두 내동댕이치고 일개의 학생이 되어 6년간 의학공부에 몰두했다. 그러나 사람들은 그가 아프리카에 가는데 대해 일제히 반대했다. "저 친구는 공부를 너무한 탓으로 정신이 돌았다."고 냉소하는가 하면 광신자라고 조소하는 사람들도 있었다. "몰상식하다. 너무나도 오만하다."는 말도 들렸다. 슈바이처는 이러한 비난과 조소를 받으며 마음속으로 결의를 다졌다.

슈바이처가 그때로부터 50여 년간 사랑하는 아내로서, 동반자로서 그를 격려하고 도와주게 되는 헬레네 브레슬라우는 오랜 세월 동안 그를 기다렸다가, 두 사람은 바야흐로 아프리카로의 출발 준비가 시작되는 1912년 6월 결혼했다. 그의 나이 37세였다.

슈바이처와 아내 헬레네 브레슬라우는 아프리카 랑바레네에 간단한 병원을 차리고 1년 이상 유지할 수 있는 자금을 마련하기 위해 동분서주하였다. 많은 사람들은 슈바이처의 아프리카 행을 반대한다고 하면서도 아낌없이 기부하였고 대학에서의 동창들, 제자인 목사들도 적극적으로 응원했으며, 파리의 바흐협회는 이사업후원의 연주회를 열어 많은 자금을 마련해주었다.

이렇게 해서 슈바이처 부부는 1913년 3월 27일, 프랑스령 적도 아프리카의 랑바레네를 향해 떠났으며, 4월 15일에 도착했다. 그러나 랑바레네에는 의료를 시작할 건물이 아직 서 있지 않았다. 우선 닭장이 들어있던 엉성한 건물을 사용했다. 그곳 흑인들 사이에는 말라리아, 나병, 이질, 침식궤양, 상피병, 종양 등의 질병이 많았으며, 환자들이 예상한 것보다 훨씬 많다는 사실을 발견했다.

슈바이처는 치료에 대해서는 흑인들이 가급적 실제 행위로 감사의 뜻을 표시하도록 요구했다. 그는 병원이 유럽의 다수 사람들의 선의로 경영되는 만큼 흑인들에게도 병원 유지에 협력할 의무가 있다고 생각한 것이다. 흑인들은 치료비와 약값으로 돈, 바나나, 닭, 계란 등을 가져오게 되었다. 물론 그것들은 병원의 경영비로는 턱없이 부족했으나 병원 유지에 조금은 도움이 되었다. 그러나 슈바이처는 가난한 사람들과 노인들에게는 보수를 받지 않았다. 랑바레네에서 1년이 지난 후에 그는 본격적인 병원 건설을 착수했다. 그러나 흑인들은 게을러서 독촉하는 것이 고통스러웠다.

슈바이처에게 있어서 랑바레네에서의 처음 수년간은 매일 매일이 긴장의 연속이었다. 그는 그 지역에서 유일한 의사인 동시에 병원 건축은 물론 병원 경영도 혼자 도맡아 할 수 밖에 없었다. 이런 생활은 점차 그의 신경을 자극하여 때로는 격렬한 분노가 엄습하곤 했다. 이럴 때 그는 올겐 앞에 앉아 바흐와 멘델스존과 그의 은사 위돌의 작품을 연주하곤 했다. 이렇게 해서 웅장한 바흐의 음악이 매일 밤 원시림에 울려 퍼져 나갔다.

슈바이처가 병원을 세우고 활동한 곳은 아프리카 가봉의 랑바레네였다. 가봉은 15세기에 포르투갈의 항해가가 처음 발견하여 유럽에 알려졌다. 그 뒤 19세기에 프랑스와 조약을 맺어 프랑스의 보호령이 되었다. 랑바레네는 가봉에서 유일하게 배를 타고 접근할 수 있는 섬이었다. 그래서 슈바이처는 이 섬을 의료 활동의 근거지로 삼았다. 각종 의료장비와 약품들을 실어 나르기에 좋았기 때문이다. 랑바레네에 있던 슈바이처의 병원 건물은 지금은 현대식 건물로 새로 지어졌지만, 오래된 수술실과 실험실, 간호사 기숙사, 하얀 가운과 앵무새 새장이 남아 있는 슈바이처의 방, 환자와 그 가족들이 살았던 구역은 아직도 잘 보존되어 있다.

1914년 제 1차 세계대전이 발발하자 슈바이처는 전쟁포로가 되어 의료봉사활동을 중단할 수밖에 없었다. 프랑스와 독일은 서로를 적대시하여 싸웠다. 그런데 공교롭게도 슈바이처가 활동하던 아프리카의 가봉은 프랑스 식민지였다. 슈바이처가 독일 국적을 가지고 있었기 때문에 프랑스 안에 적대국의 국민이 살고 있던 셈이었다 "슈바이처부부는 포로이니 프랑스 당국의 지시에 따라야 한다. 다음 지시가 있을 때까지 어느 누구도 만날 수 없다." 슈바이처는 전쟁 포로가 되어 프랑스에 있는 포로수용소로 끌려갔다. 그 뒤 슈바이처는 여러 수용소로 옮겨졌다. 수용소 생활을 한지 1년쯤 지났을 때 슈바이처는 프랑스 포로들과 교환되어 겨우 독일의 알자스로 돌아갈 수 있었다. 그런데 전쟁이 끝날 무렵 휴전협정이 이루어지면서 슈바이처가 살던 알자스 지방이 프랑스령으로 바뀌었다. 그래서 슈바이처의 국적도 독일에서 프랑스로 바뀌게 되었다.

전쟁이 끝난 후인 1924년에 그는 다시 랑바레네로 가서 앨버트 슈바이처 병원을 재건하고 의료 활동을 이어갔다. 병원 운영 자금이 부족할 때는 저술, 강연, 연주 등의 수입으로 꾸려나갔다.

슈바이처가 70 번째 생일을 맞은 해인 1945년에 제2차 세계대전이 끝났다. 전쟁에서 승리한 나라들은 슈바이처의 아프리카 의료봉사에 대해 방송을 했다. 슈바이처 이야기는 전 세계에 널리 알려지게 되었다. 슈바이처의 헌신적인 봉사활동으로 전 세계는 열악한 환경에 살고 있는 사람들에 대한 관심이 높아졌다. 무엇보다 돈이나 물건으로 대신하였던 봉사활동이 '생명존중'에 의해 직접 찾아가 함께 생활하는 봉사활동으로 바뀌게 된 계기가 되었다. 슈바이처는 가끔 유럽을 방문하여 병원 확장을 위한 강연과 연주회를 열곤 했다. 제 2차 세계대전이 끝난 후인 1948년에는 미국을 방문해 큰 성과를 거두었다.

슈바이처는 세계 평화에 기여한 공로를 인정받아 여러 가지 상을 받기도 했다. 1928년에는 괴테상, 1952년에는 노벨평화상을 받았는데 그 상금으로 나환자 병원을 설립하기도 했다. 랑바레네에는 1960년 프랑스로부터 독립하여 가봉공화국이 되었다. 가봉공화국은 슈바이처에게 '적도적십자훈장'을 주어 그에 대한 경의와 감사를 표시했다. 그는 또한 반핵운동을 펼친 평화주의자이기도 했다.

부인 헬레네는 1957년 5월, 79세로 세상을 떠났고, '밀림의 성자', '흑인의 아버지'로 불리운 남편 슈바이처가 90세로 세상을 떠난 것은 그 때로부터 8년 후인 1965년 9월 4일 밤이었다.

바야흐로 세계정세는 심각한 일로를 치닫고 있었다. 영토를 에워싼 인도와 파키스탄의 무력항쟁, 베트남 전쟁, 중국 문제 등 동서의 긴장은 높아만 갔다. 그러나 슈바이처의 죽음은 이러한 대립, 항쟁을 초월하여 세계 사람들의 가슴을 뒤흔들었다.

밀림에서 50년, 그는 '생명에의 경외'를 신봉하며, 랑바레네에서 휴머니즘의 등대를 세우고 그 빛을 더욱 밝게, 더욱 멀리 비치게 했다. 의사로서, 목수로서, 건축 현장의 감독으로서, 농원재배의 지휘자로서, 철학자로서, 밀림에 바흐와 멘델스존의 음악을 들려준 올겐

이스트로서, 전쟁을 반대하는 평화주의자로서 그는 정력적으로 열심히 일했다.

원시미개의 흑인에 대해서 그는 엄격한 아버지였으며 형이었다. 그는 흑인들의 건강뿐만 아니라 영혼까지를 구하였다. 영혼은 지식만으로는 구할 수가 없다. 거기에는 슈바이처의 바다와 같은 인류애가 있다. 그에 의해서 50년에 걸친 헌신과 봉사의 현대의 기적이라고 할 대사업이 성취된 것이다. 세계의 일부에서는 슈바이처의 방법은 전근대적이며, 그는 또 하나의 독재자라는 비난과 오해도 있다. 그러나 슈바이처의 정신은 불멸이며, 그는 '밀림의 성인'의 이름에 합당한 영원한 인물이다.

지금도 아프리카에는 슈바이처처럼 병으로 고생하는 원주민들을 위해 봉사하는 사람들이 많이 있다. 모두 슈바이처처럼 아무런 대가를 바라지 않고 인류에 대한 사랑을 실천하고 있는 것이다.

윈스턴 처칠
(Winston Churchile : 1874-1965)

1874년 3월 30일, 윈스턴 처칠은 옥스퍼드셔 블레넘 궁전에서 랜돌프 처칠경과 진 제롬 처칠 사이에서 태어났다. 그의 몸속에는 영웅의 피가 흐르고 있었다. 그가 태어난 블레넘 궁은 조상인 1대 말버러 공작 존 처칠이 1704년 블레넘 전투에서 거둔 승리를 기념하기 위해 지어진 궁이었다. 말버러 공작은 유럽 대륙에서 일어난 스페인 왕위계승 전쟁에 참전하여 동맹국인 스페인을 도와 프랑스군을 대파했다. 중요한 전쟁에서 큰 공을 세운 말버러 공작에게 영국의 앤 여왕이 이 저택을 지어준 것이다. 처칠의 아버지 랜돌프 처칠 시니어는 6대 말버러 공작의 셋째 아들이었다.

처칠의 어머니 제니 제롬은 뛰어난 미모로도 유명했던 미국의 상속녀였다. 그래서 그에게는 미국인의 피가 50% 흐르고 있다. 그의 외할아버지 레너드 제롬은 미국에서 남북전쟁이 일어나기 4년 전 뉴욕시의 주식시장에서 6백만 달러를 번 일이 있었다. 본인에게 있어서는 물론 대사건이었으나, 이것이 역사의 일대 전환기가 되리라고는 누구 한 사람도 생각지 않았다. 그러나 지금 와서 뒤돌아보면 이것이 현제 역사에 큰 영향을 미쳤다. 왜냐하면, 만일 레너드 제롬이 주식으로 큰돈을 벌지 못했던들 윈스턴 처칠은 이 세상에 태어나지 못했을 것이다. 처칠이 바로 그 제롬의 외손자였기 때문이다.

레너드 제롬은 주식으로 번 6백만 달러의 돈으로 <뉴욕 타임즈>의 주식을 사고, 미국 최초의 대경마장을 두 군데나 창설한 다음, 전 세계를 여행하며 영국에서는 귀족들과 교제했다. 그 결과 그의 딸인 제니 제롬이라는 매력 있는 미국 여성이 영국의 귀족 랜돌프 처칠경과 결혼하게 된 것이다.

바깥 활동이 잦은 어머니와 다소 냉담한 아버지를 둔 탓에, 처칠은 주로 유모 엘리자베스 에베레스트의 손에서 자랐다. 전통적인 어머니상과 거리가 멀었던 생모 제니는 아들의 한결같은 지지자이자 지칠 줄 모르는 조언자 역할을 했다.

아버지 랜돌프 시니어는 34세 때 국회의원이 됐으며 금세 보수당의 지도자로 부상했다. 그는 열성적인 연설가이자 정책입안자로, 그가 주장한 '보수민주주의'는 영국의 노동자 계급뿐만 아니라 전통적인 부유층에게도 호응이 높아 보수의 후원자라는 명성을 얻었다. 그는 37세에 영국 내각의 재무부 장관에 올랐다. 그가 이상행동을 보이기 시작한 것은 그즈음이었다. 그는 말을 더듬거렸고, 비틀비틀 걷거나 음식을 먹을 때 자주 흘렸으며 갑작스럽게 감정을 폭발시키기도 했다. 그는 곧 매독 후기라는 진단을 받았고 45세의 젊은 나이에 세상을 떠났다.

처칠은 아버지가 세상을 떠나기 며칠 전까지도 아버지의 진짜 병명을 몰랐다. 그는 훗날 아버지에 대한 미화된 회고록을 펴내며 자신이 아버지의 이상을 추구하고 옹호하기 위해 정치에 입문했다고 밝혔다.

처칠은 훌륭한 학생은 아니었으며 옥스퍼드나 케임브리지 형의 수재는 더욱 아니었다. 그는 해로 스쿨에 다녔다. 그리스어나 라틴어 같은 수업을 들을 때마다 그는 낙담했고 지루함을 느꼈다. 군사 경력을 쌓는 것만이 의회로 가는 지름길이라고 판단한 그는 세 번이나 사관학교인 샌드허스트에 지원했으나 매번 떨어졌다. 그가 합격할 수 있었던 것은 어디까지나 어머니의 막대한 영향력 덕분이었다.

처칠의 샌드허스트 졸업 성적은 반에서 20등 정도였다. 전술과 체육, 군사훈련, 승마에서는 모두 높은 점수를 얻었지만, 고전어와 프랑스어 성적은 좋지 못했다. 그는 최종 성적을 바탕으로 기병대에 예속됐다. 보병부대가 더 명예로울 뿐만 아니라 정치 훈련을 받기에도 훨씬 좋은 곳이라고 생각했던 아버지 랜돌프에게는 무척 실망스러운 결과였다.

1896년, 처칠이 배속된 후사로 부대는 7년간의 인도 파견 명령을 받았다. 작별 인사를 위한 10주간의 휴가가 주어졌다. 그는 이 시간을 잘 활용하기로 결심했다. 샌드허스트의 한 교수는 그의 분명하고 정확한 글쓰기 스타일을 칭찬하며 인도에 있을 동안 런던 신문에 기사를 송고하도록 권했다. 그는 즉시 스페인 식민 영주에 대항해 반란을 일으킨 쿠바로 향했다. 2주간 쿠바에 머물며 소규모 접전을 여러 차례 목격하고 쏟아지는 총탄을 직접 경험하기도 했다. 그는 이때의 경험에 '활기를 불어넣는'이라는 수식어를 달았다. 런던의 <데일리 그래픽>은 그의 생동감 넘치는 기사에 편당 5기니를 지불했다.

처칠은 파견 명령을 따라 인도로 출발했다. 긴 항해 후에 호된 더위 속에서 삐걱거리는 기차를 7일 간이나 타고서야 말라칸드 야전군에 합류할 수 있었다. 그는 반란을 일으킨 파탄 부족 토벌을 기본 임무로 하는 말라칸드 야전군과 한 달간 함께 지내며 <데일리 텔레그래프> 독자들을 위해 생생한 현장을 전달했다. 자신의 경험이 일간지 독자들에게만 제공되기에는 너무 아깝다고 여긴 그는 이 기사를 책으로 엮었다. 바로 <말라칸드 야전군 이야기>라는 제목의 첫 저서다. 이 책은 잔혹한 피의 향연을 생생히 묘사했고, 전술과 지휘

관들의 기량에 대한 신랄한 비평과 더불어 원정 전반에 대한 사실을 있는 그대로 전달했다. 150명의 전사자를 낸 그 부대는 파탄 부족의 본거지인 마문드 계곡을 파괴하고 가옥들을 불태웠으며 곡식의 뿌리를 뽑고 전사한 군인들에 대한 복수로 마을 사람들을 사살했다. 교열상의 문제가 많았지만 어머니 제니의 열정적인 홍보 덕분에 책은 발간 즉시 베스트셀러가 됐다.

처칠의 걸출한 면모가 한 가지가 있다. 그것은 강철보다 굳은 불굴의 의지이다. 그가 학문과 어떻게 대결했는가를 보면 그의 의지를 알 수 있다. 젊었을 때 그는 성적이 좋지 않는 학생이었다. 라틴어나 희랍어나 수학과 프랑스어도 대수롭지 않게 생각하고 숫제 공부를 하지 않았다. 외국어를 배우느니 영어를 철저히 공부해야 한다고 확신했다. 그러나 처칠이 외국어와 수학을 경시하고 공부하지 않았기 때문에 학교 성적은 항상 학급에서 꼴지였다. 이 수학을 싫어한 청년이 훗날 재무부장관으로 4년간 영국의 재정을 도맡게 되었다.

처칠은 샌드허스트 육군대학의 입학시험에 세 번이나 실패하고 네 번째 겨우 합격했다. 그 학교를 졸업한 후에야 비로소 그는 깨달았다. "나는 아는 것이 너무 없는 것이 아닌가? 그렇다. 지금부터라도 열심히 공부해야겠다."고 결심했다. 그의 나이 22세, 인도 주둔군의 사관에 임명되었을 때였다.

처칠은 영국에 있는 어머니에게 편지를 써서 책을 많이 보내달라고 했다. 역사, 지리, 철학, 경제학 등 광범위한 부류의 책을 닥치는 대로 읽었다. 동료인 장교들이 낮잠을 자고 있을 때, 그는 비지땀을 흐리면서 철학, 기본의 <로마제국 흥망사> 등을 탐독했다. 몇 년 동안 계속된 독서를 통해 터득한 명쾌하고 정결한 문장, 멋진 문체가 그의 저작과 연설에 힘차게 흐르고 있다.

처칠은 군에서의 활약상이 강조되었고, 그 덕분에 그는 더욱 유명해졌다. 이제 자신의 명성을 현실화 할 시기가 되었다고 판단한 그는 군대를 떠나 하원의원에 입후보했다. 그는 아버지의 뒤를 이어 보수당에 후보로 런던 근교의 산업지대인 올드 햄 보궐 선거에 출마하기로 했다. 선거 유세의 핵심은 그가 자신의 전쟁 경험을 얼마나 효과적으로 잘 드러내느냐에 달려 있었다. 자유당 소속 경쟁자는 그를 "전 세계를 돌아다니며 허세나 부리는 사람" 이라고 몰아세웠다. 그는 선거기간 동안 무척 인상적인 모습을 보였지만, 선거에 패하고 말았다.

1800년대 중반, 영국계 정착민과 네델란드계 조상을 둔 보어 정착민들은 남아프리카에서 식민지 라이벌 관계를 형성하고 있었다. 영국령 식민지는 두 개의 자치주인 케이프 식민지와 영국이 나폴레옹 전쟁 이후 합병한 나탈로, 보어공화국은 트란스발과 오렌지 자유주로 구성되어 있었다. 영국은 내분을 조장해 트란스발을 손쉽게 합병하려 했으나 보어공화국은 이를 성공적으로 물리쳤다. 1886년경, 트란스발에서 풍부한 금광과 다이아몬드 광산이 발견되자, 1849년 미국 켈리포니아 사태와 마찬가지로 전 세계 사람들이 트란스발로 몰려들었다. 보어 언어로 아위틀란더스(외국인)라고 부르는 사람들이 일확천금의 꿈을 좇아 이전에는 농업사회였던 이 지역으로 쏟아져 들어왔다. 1899년의 한 조사결과에 따르면 아위틀란더스는 7만 명으로 이미 4만 4천 명인 보어인보다 두 배가량 많았음에도 투표권은 없었다.

아위틀란더스는 투표권을 청원했다. 트란스발 대통령 크루거는 외국인들은 공화국에서 투표권을 가질 수 없다고 발표했다. 대부분이 영어를 사용하던 아위틀란더스들은 영국에 중재 요청을 했고, 영국 식민지는 이민자들을 지지했다. 이런 연유로 1899년 10월 1일, 영국과 보어공화국 사이에 전면전이 시작되었다.

1899년 10월 14일 경, 처칠은 런던의 신문 <모닝 포스트>의 전시통신원으로 파견되었다. 월급은 1,250달러였으니까, 일당 약 40달러, 그것은 물론 큰돈이었으나, 이에 합당한 진가를 발휘하여 단 시일 내에 영국 역사상 전례가 없는 유명한 통신원이 되었다. 남아프리카에 도착한 그는 보어인들이 영국이 생각하는 것보다 훨씬 더 공격적이고 훈련된 전사라는 사실을 재빨리 간파했다. 타고난 기병인 보어인들은 독일제 크루즈 대포와 최신 맥심 기관총으로 무장하고 나탈을 침공했으며 핵심 철도인 레이디스미스를 포위하는 등 빈번히 영국군을 당혹스럽게 만들었다. 그와 다른 현지 특파원들은 거친 전투가 벌어지고 있는 레이디스미스 현장에 가고 싶어 했다. 그는 장갑열차를 타고 현장으로 가던 도중 보어인들에게 체포되어 포로가 되었다.

뉴스를 그저 보도하는 것이 아니라, 그 자신이 뉴스를 만들었다. 예를 들면, 장갑열차로 빗발치는 총탄을 뚫고 적진을 돌파하면 그것이 곧 뉴스로 보도되었다. 그 자신이 보아군의 포로가 되어 투옥되면 그것이 그대로 뉴스가 되었다. 그리고 그가 포로수용소를 아슬아슬하게 탈출하면 그것이 바로 뉴스가 되었다.

한편, 기적적으로 탈출에 성공한 처칠은 철도나 교량에 경비병이 삼엄하게 배치된 적지를 몇 백 마일이나 뚫고 도주했다. 숲속에서 자고, 벌판에서 자고, 늪에 몸을 던지고, 강을 헤엄치며 아프리카의 광야를 정처 없이 답파했다.

한 밤중에 멀리서 불빛이 보였는데 그는 점점 더 불빛에 가까워지자 그 불빛은 탄광에서 새어나오는 빛이라는 것을 깨달았다. 지칠대로 지치고 배도 고팠던 그는 집주인이 누군지도 모르고 어느 집 대문을 두드렸다. 한 남자가 그에게 연발권총을 들이대며 문을 열었는데, 다행이도 영어를 사용하는 사람이었다. 그는 몹시 기뻐하며 자신이 처한 곤경을 설명했다. 광부 존 하워드는 기뻐하며 말했다. "다른 집은 위험했을 것입니다. 여기 우리는 모두 영국인입니다" 그는 천우신조로 목숨을 구할 수 있었고, 하워드 일행의 도움으로 그 지역을 빠져나올 수 있었다.

처칠은 곧장 <모닝 포스트>에 그간 그가 경험한 일들을 기고했다. 뭐니뭐니해도 탈출 자체가 장렬한 사건이었고, 그의 문장력이 또한 생기, 약동하는 명문이었기 때문에 1900년의 신문계에 있어서 일대 센세이션이 되었다. 영국의 전 국민이 앞을 다투어 그 기사를 읽고 흥분했다.

이윽고 처칠이 런던의 집으로 귀국했다. 그야말로 국민적 영웅의 개선이었다. 그의 공적을 찬양하는 노래까지 생겼다. 그의 연설회에는 청중이 운집했다. 그는 1900년, 올덤 선거구에서 의회 보궐선거에 보수당 하원의원으로 출마했다. 어느 듯 영웅의 지위에 올라 선 그는 이전 선거에 비해 너무도 쉽게 당선할 수 있었다. 그는 하원의원에 당선됨으로서 정치 인생을 시작했다. 자유당으로 옮긴 뒤에는 식민 차관에 임면된 이래 상공장관, 내무장관, 해군장관 등을 역임했다.

1차 세계대전이 일어난 것은 1914년이었다. 영국은 8월 14일, 독일에 선전포고를 하고 전쟁에 참전했다. 이 때 처칠은 해군장관을 맡고 있었다. 이듬 해 5월, 영국 해군이 다그다넬스 해전에서 패하자, 책임을 지고 장관 자리에서 물러났다.

연합군에게 전세가 불리해지자 처칠은 그냥 있을 수가 없어서 영국군 총사령관인 조지 트렌츠를 찾아가서 전선에 나가서 싸우겠다고 했다. 그는 중령 계급을 달고 보병사단 대대장이 되었다. 그가 서부 전선에 도착한 것은 11월의 어느 날이었다. 그는 대대장으로서 군인들의 사기를 돋우는 역할을 잘 해서 군인들은 전력을 다해서 독일군과 싸워 그의 부대는 독일군과 싸워 패한 적이 없었다.

1916년 5월, 처칠은 군복을 벗고 영국으로 돌아와 하원의원에 출마해서 당선이 되었다. 그리고 1917년 7월에는 군수장관에 임명되어 무기를 만드는데 힘썼다. 그는 탱크를 많이 만들어서 전투에서 큰 역할을 했고, 연합군이 곳곳에서 승리하여, 1918년 11월 11일, 독일의 항복으로 1차 세계대전은 끝나게 되었다.

그 뒤로 처칠은 육군장관, 식민장관, 재무장관 등을 지내며 나라일에 힘썼다. 그리고 1929년부터는 정계에서 물러나 10년 동안 집필에 몰두했다. 이 때 펴낸 책이 <나의 반생>, <동부 전선>, <사랑과 모험>, <말버러, 그 생애와 시대> 등이었다. 그에게는 알려지지 않은 숨은 사실이 있는데, 그것은 그가 원래는 정치인이 아닌 작가였다는 사실이다. 그가 정치에 입문하기 전에 이미 인세와 강연으로 많은 돈을 벌었고, 평생 동안 여유로운 생활을 영위했는데 그것은 그가 금수저라서가 아니라 인세로 많은 돈을 벌었기 때문이다. 그는 귀족 출신이긴 했지만, 할아버지나 아버지로부터 물려받은 유산은 거의 없었다. 그 스스로 '평생 먹고 살 돈을 혀와 펜으로 벌었다'고

할 정도로 자수성가형 인물이었다.

1939년 9월 1일, 독일은 폴란드를 공격했다. 그러자 9월 3일, 영국은 프랑스와 함께 독일에 선전포고를 했다. 처칠이 염려한 대로 마침내 제2차 세계대전이 일어난 것이다. 처칠은 바로 이때 해군장관으로 임명되었으며, 1940년 5월 10일에는 네임 체임벌린이 정계를 떠나고 영국왕 조지 6세는 처칠을 수상으로 임명했다.

당시 영국은 극단적인 공경에 처해 있었다. 서유럽 국가들은 모두 독일의 손에 넘어갔고, 동맹국 프랑스는 독일에 항복을 선언했다. 나치 공군은 다시 영국에 대규모 기습을 가하고 있었다. 영국은 순식간에 지원도 없이 혼자서 전쟁에 나서야 하는 국면에 처했던 것이다. 이러한 국면에 처해서 처칠은 의회에서 그는 강경하고 호기어린 자세로 나치와 끝까지 싸울 것을 호소했다.

> "지금 우리 조국은 평화를 깨뜨리는 적과 싸우고 있습니다. 이 어려운 시기에 제가 바칠 수 있는 것은 무엇이겠습니까? 그것은 피와 수고와 눈물과 땀뿐입니다. 여러분이 내게 나의 목표에 대해 묻는다면 나는 한 가지 대답밖에 할 수 없습니다. 그것은 승리입니다. 우리는 바다에서도 싸울 것이고 육지에서도 싸울 것이고 하늘에서도 싸울 것입니다. 우리는 결코 항복하지 않으며 기필코 승리를 거둘 것입니다."

의회에서의 연설은 국회의원들과 국민들에게는 큰 믿음을 주었고 군인들의 사기를 드높였다. 동시에 그는 외교적으로 미국, 소련과의 연합에 국제적인 반독재 통일 전선 형성에 중요한 역할을 했다.

처칠이 작문에 뛰어난 소질이 있었기 때문에 연설을 잘하는 것은 어쩌면 당연한 결과가 아니었을까 싶다. 처칠의 연설을 듣는 사람의 심금을 울리는 재주가 있었다. 그의 '포기하지 말라'는 연설은 폭격의 폐허에서 영국인들이 버틸 수 있는 원동력이 되었다. 그의 강력한 리더십은 말과 글로부터 나왔다. 그는 뛰어난 언변으로 영국 국민과 병사들을 감화시켰고 의지를 북돋아주었다.

처칠이 오늘날 올바른 정치인의 표본으로 기억되는 것은 제2차 세계대전 당시 수상으로 일하면서 남긴 업적 때문이 아닐까 한다. 뎅케르크의 영국군 구출, 영국 본토에서 발생한 독일과의 항공전에서 포기하지 않고 맞서 싸운 것, 미국을 끌어들여 전쟁을 승리로 이끈 업적 등은 그를 자유주의 진영의 영웅을 만들기에 충분했다.

처칠은 그의 바로 직전에 총리를 맡았던 네벌 체임벌린과 종종 비교되곤 한다. 나치에 대한 두 사람의 생각은 판이하게 달랐다. 체임벌린은 히틀러가 오스트리아와 체코, 폴란드를 무력으로 침공했을 때도 평화는 가능하리라고 생각했다. 그는 매우 순진한 정치인이었으며 평화 협상을 통해 다시금 평화를 유지할 수 있다고 보았다. 반면 처칠은 히틀러가 유럽을 위험에 빠뜨릴 인물이라는 것을 알았고 수상이 되기 이전부터 일찌감치 나치와의 전쟁을 주장했다. 결국 1945년 5월 7일, 독일이 항복함으로써 처칠이 이끄는 영국은 승리를 거둘 수 있었다.

두 달 뒤에 처칠이 포츠담에서 트루먼, 스탈린과 고위급 회의를 열고 있을 때, 그는 자신이 이끄는 보수당이 새로운 1기 의회 선거에서 참패했고, 자신이 더 이상 영국 수상이 아니라는 것을 알게 되었다. 전쟁이 끝나고 그는 수상 직을 사임했다. 그는 수상 직에서 물러나서는 다시 집필에 몰두했다. 1948년부터 5년에 걸쳐 <제 2차 세계대전 회고록>을 썼는데, 이 저서로 그는 1953년에 노벨 문학상을 수상했다.

1951년, 77세의 고령인데도 다시 수상이 된 처칠은 1955년에 그 자리를 앤서니 이든에게 물려주었다. 그는 1965년 1월 24일, 아흔두 살의 나이로 고요히 눈을 감았다.

일치감치 전쟁의 극심한 공포 속에서 처칠은 대의를 위해 뒤돌아보지 않는 신념을 키웠다. 전쟁터에서 빛난 그의 리더십은 21세기가 되어서도 영국인들의 기억 속에 강렬히 남았고, 2002년 BBC가 실시한 여론조사에서도 그는 '가장 위대한 영국인'으로 선정되었다.

윌리엄 셰익스피어

(William Shakespeare : 1564-1616)

윌리엄 셰익스피어는 1564년 4월에 영국의 스트랫퍼드 어폰 에이번이라는 아담한 마을에서 태어났다. 아버지는 존 셰익스피어, 어머니는 메리 아덴, 아버지는 성공한 상인으로 피혁 가공업 등을 했다. 전문 상점이라기보다 편의점처럼 여러 상품을 판매했다. 그는 상인으로 성공하자 마을 정계에 얼굴을 내밀기 시작했다.

셰익스피어가 태어난 다음에, 아버지는 14명의 읍 의회의원 중 한 명이 되었다. 그리고 셰익스피어가 네 살이 되던 해에는 읍장까지 지냈다. 즉 셰익스피어의 유년기에는 마을 최고 명사의 도련님이었다. 당시 읍장의 임기는 1년이었지만, 그 후에도 전 읍장의 자격으로 마을 정계에 자주 참여했다. 마을 공식 행사의 명부를 보면, 존 셰익스피어의 이름이 대부분 맨 처음에 올라와 있는 것을 볼 수 있다. 중

산계급에 속했던 셰익스피어는 초등교육을 가르치는 '그래머 스쿨'에 다녔다. 그곳에서 성경과 고전을 통해 읽기와 쓰기를 배우고 라틴어와 격언도 배우고, 문법, 논리학, 수사학 등을 배웠다.

하지만 셰익스피어가 열세 살이 되던 해부터 마을 공식행사의 명부에서 존 셰익스피어의 이름이 사라졌다. 그 다음 해에는 집을 저당잡혔고, 40 파운드의 빚을 졌다. 게다가 그 다음 해에는 부인인 메리 아덴의 재산(지참금)마저 처분됐다. 메리의 집은 큰 농가였는데, 당시 부인의 재산은 결혼할 때 남편의 것이 되었다. 어쨌든 셰익스피어의 소년기에 아버지가 경제적으로 몰락해버렸다. 이유는 분명치 않다. 아마 투자를 크게 했거나, 아니면 누군가에게 사기를 당했을 가능성이 많다. 즉 그는 유년기에 마을 최고의 도련님이 되었다가 소년기에는 아버지의 재산 몰락을 경험했다.

셰익스피어는 유년기에는 아주 행복했지만 소년기에는 집안의 재산이 몰락하여 큰 고난을 겪고, 아버지 존이 온갖 노력을 해도 집안 형편이 나아지지 않는 것을 경험했다. 그는 그런 모습을 보고 자라면서 '행복과 불행은 개인으로서는 극복하기 어려운 운명'이라고 생각했다. 다시 말하면 '인간에게는 개인의 힘으로는 어떻게 할 수 없는 행복도 있고 불행도 있다'라는 인생관을 갖게 되었다.

셰익스피어는 8남매의 셋째로 장남이었다. 누나 두 명은 일찍 죽었기 때문에 그가 동생들을 뒷바라지하며 키웠다. 그는 대학에 가고 싫어도 아버지가 파산했기 때문에 갈 수 없었고, 18세가 되던 해에 26세의 앤 해서웨이와 결혼했다. 결혼한 지 5개월 만에 장녀인 수잔나가 태어나고, 1년이 조금 지나서 쌍둥이 남매인 장남 햄네트와 차녀 주디스가 태어났다. 이때 셰익스피어의 나이는 겨우 20세였다. 그는 20세에 세 자녀의 아버지가 되었고, 게다가 부인은 8세 연상이었으니 집을 나가고 싶은 마음이 생긴 것도 무리는 아니었다.

셰익스피어는 아버지의 사업이 기울어지면서 '그래머 스쿨'을 중퇴하고 대학에 진학할 수가 없었다. 그리고 몇 년 동안 아버지의 사업을 도왔다. 그 사이에 결혼도 하고 아기도 있었지만 어릴 때부터 꿈꿔 왔던 배우와 극작가의 꿈을 지울 수가 없었다.

결국 셰익스피어는 1586년에 자신의 꿈을 이루기 위해 런던으로 떠났다. 그는 처음에 극단에서 연극을 보러 온 손님들의 말을 돌보는 심부름꾼으로 일을 시작했다. 그러면서도 틈틈이 연기 연습을 하고 대본을 썼다. 가끔 허드렛일을 하는 그에게 참기 힘든 조롱을 보내는 사람들도 있었다. 그러나 그는 자신의 꿈을 이루기 위해 어떤 고난도 극복하고, 관객들이 자신의 연기와 희곡을 보고 감동하는 모습을 상상하며 참고 견디었다.

몇 년 전 지금의 펨프루크 극단으로 오면서 셰익스피어는 조연으로 연기할 수 있게 되었다. 그리고 우연히 그의 희곡을 본 펨프루크 경이 그의 작품을 공연할 수 있게 도와주었다. 그는 기적처럼 찾아온 기회를 놓치고 싶지 않아 밤을 세워가며 희곡을 고치고 또 고쳐 다듬었다. 공연이 시작되자 아무도 예상하지 못했던 일이 일어났다. 공연이 계속될수록 빈자리가 없을 정도로 관객이 몰려왔던 것이다. 그는 기쁨의 눈물을 흘렸다.

당시 권위적인 작가였던 로버트 그린은 셰익스피어를 '벼락출세한 까마귀'라고 비난했다. 이 사실로 미루어보아 그가 런던 무대에서 꽤 이름을 날렸으리라고 추측해볼 수 있다. 도대체 그는 7년 동안 무엇을 했던 걸까? 역사학자들은 그가 유럽을 여행했고 선생으로 가르쳤으며, 극단에 소속되어 배우로 활동하면서 다양한 경험을 쌓았을 것이라고 추측하고 있다.

그러나 얼마 지나지 않아 런던에는 흑사병이 돌기 시작했다. 모두들 사람이 모이는 곳을 피하고 집 밖으로 나오려고 하지 않았다. 관객이 없자 펨프루크 극장은 공연을 할 수 없는 날이 많아졌고, 곧 문을 닫게 되었다.

어느 날 삭막한 흑사병의 공기를 뚫고 헨리 체틀이란 신사가 셰익스피어를 찾아왔다. "난 로버트 그린의 친구이며 그의 책을 만든 사람이네." "로버트 그린이라면 얼마 전 죽은 극작가를 말하는 건가요? 그런데 무슨 일로...?" 그는 로버트 그린이 쓴 셰익스피어에 대한 글에 대해서 이야기했다. 로버트 그린이 그에 대한 글은 자신의 실수로 벌어진 일이라며 미안하다고 했다. 그리고 그 해 12월, 헨리 체틀은 자신의 작품 <친절한 마음의 꿈> 글머리에 그를 칭찬하는 글을 썼다.

> 로버트 그린의 공격적인 말을 고치지 않은 것은 나의 잘못이 크며 미안하게 생각한다. 그 이유는 셰익스피어의 태도가 그의 연기만큼이나 점잖다는 것을 내가 직접 목격했기 때문이며, 많은 유명 인사들이 그의 정직과 희곡을 좋아하기 때문이다.

셰익스피어는 그 글을 읽고 더욱 열심히 글을 써야겠다고 다짐했다. 이후 그는 더 훌륭한 작품으로 많은 사람의 사랑을 받게 되었다.

셰익스피어의 작품은 영어의 가치를 높이는데 많은 영향을 주었다. 그가 살던 당시의 영어는 지금처럼 철자법이 정해져 있지 않았고 쓰는 사람이 편리한 대로 쓰고 있었다. 영어 발음 또한 쓰는 사람마다 달랐고, 문법도 일정한 규칙이 없어서 매우 불편했다.

그런데 당시의 이러한 영어표기의 자유로움은 작가의 생각대로 다양한 표현을 할 수 있다는 장점도 있었다. 이것을 가장 잘 활용한 사람이 바로 셰익스피어였다. 그는 철자, 발음, 문법에 상관하지 않고 필요한 단어를 만들고 고치면서 자유롭게 사용했다. 그는 영어의 문장이나 숙어의 표현에는 크게 영향을 주었으며, 그의 작품은 시대와 나라를 뛰어넘어 연극과 영화로 수없이 만들어지고 있었다.

셰익스피어의 청년기에는 르네상스시대였기 때문에 대학에 간 사람들은 고전학을 공부했다. 연극에서는 로마 극을 모범으로 삼았으며, 세네카의 비극과 플라우투스와 테렌티우스의 희극의 영향을 받았다. 그리고 1550년대에 로마 극을 모범으로 삼은 사람들이 영어로 연극을 쓰기 시작했는데, 그때부터 로마극의 영향을 받은 작가들이 나타나기 시작했다.

하지만 대학에서 로마 극의 영향을 받았다는 것은 결국 로마 극을 뛰어넘을 수 없었다는 말이다. 비극에서는 세네카풍의 잔혹한 복수 비극밖에 쓸 줄 몰랐고, 희극에서는 플라우투스와 테렌티우스 같이 전형화한 인물이 어떤 상황에 맞닥뜨리면서 벌어지는 희극 밖에 쓸 줄 몰랐다. 20대 전반 습작 시절에 셰익스피어가 처음으로 쓴 비극 <타이터스 안드로니커스>는 분명 세네카풍의 비극이다. 잔혹한 복수극, 피투성이 등 지나치게 잔인한 것이 그렇다. 셰익스피어의 첫 희극 <실수연발>은 플라우투스의 희극인 <쌍둥이 메나에크무스 형제>의 번안이라고 해도 좋을 정도다. 쌍둥이 형제가 뒤바뀌어 일어나는 희극인데, 셰익스피어는 시종도 역시 쌍둥이로 등장시킨다. 셰익스피어는 바로 여기서부터 시작했다. 그것은 그리스 로마의 고전으로 돌아가 인간주의를 모토로 삼은 르네상스시대 선배작가들에게 영향을 받으면서부터다.

그는 20대 중반부터 40대 후반까지 37편의 연극을 집필했다. 대개 이 연령의 시기에는 그의 인생관과 인간관도 변하게 되는데, 그 역시도 변했다. 하지만 변하지 않는 것도 있었다. 그는 비극과 희극, 역사극 등 여러 장르의 연극을 집필했는데, 이 모든 작품에 내재되어 있는 인생관과 인간관은 '인간에게는 행복이 있으면 불행도 있다'라는 것이다. 셰익스피어 학자들은 그 인간관의 테마를 '겉보기와 진실의 문제'라고 불렀다. 그리고 또 하나 변하지 않는 것은 인간을 인간관계에 중심을 두고 바라보려 했다는 점이다. 그의 연극의 등장인물들은 항상 인간관계 속에서 숨을 쉬고 있다. 햄릿과 오셀로, 리어왕, 맥베스는 모두 아버지와 아들, 남편과 부인, 주인과 종, 연인, 친구 등 인간관계에 얽혀 있다.

셰익스피어의 작품의 연대는 대부분 추정의 결과로 산출된 것이지만, 그런대로 그의 작품은 대체로 4기로 나누어지고, 뚜렷한 특색을 갖고 있다.

제1기는 셰익스피어가 런던에서 극작가로서 처음으로 작품을 쓰기 시작한 때부터 대체로 1594년경까지의 이른바 초기 실험시대를 말하는 것인데, 이 시기에는 다른 어느 시기보다 다양한 종류의 연극이 시도되고 있다. 가령 당시 유행의 희극, 사극, 비극의 세 종류의 연극이 다 시도되고 있으며, 이시기에 속한 중요 작품은 <헨리 4세 3부>, <리처드 3세>, <존 왕>, <티터스 안드로니커스>, <베로나의 두 신사>, <사랑의 헛수고> 등이다.

제 2기는 1595년부터 1601년까지 셰익스피어가 극작의 기술을 완전히 터득한 득의의 성장기로서, 밝고 안정된 분위기에서 주로 희극이 쏟아져 나온 시기라 하겠다. 사극도 이 시기에 쓰여진 것은 희극적 요소가 두드러진 작품이라 하겠다.

이 시기의 중요 작품은 <한여름 밤의 꿈>, <베니스의 상인>, <헛소동>, <뜻대로 하세요>, <십이야>, <윈저의 즐거운 아낙네들>, <리처드 2세>, <헨리 4세 1부>, <헨리 4세 2부>, <헨리 5세>, <로미오와 줄리엣>, <줄리어스 시저> 등이다.

제 3기는 1602년부터 1609년까지의 주로 셰익스피어의 비극이 쏟아져 나온 시기다. 비록 <트로일러스와 크레시다>, <끝이 좋으면 다 좋다>, <자에는 자로>, <페리클레스> 등의 희극이 끼어 있기는 하지만, 이 시기를 비극의 시기라고 불러도 무방할 것 같다. 그만큼 이 시기의 그의 예술적 관심은 압도적으로 비극에 쏠려 있었으며, 인간의 성격적 결함이나 악덕과 같은 인간의 약점들이 자아내는 결과들을 비극으로 표현하는 데 골몰해 있었다. 이 시기엔 위대한 비극들, 즉 <햄릿>, <오셀로>, <리어 왕>, <맥베스>, <앤서니와 클레오파트라> 등 불멸의 명작들이 모두 쏟아져 나온 것이다.

마지막 제 4기는 1610년부터 1613년까지의 원숙기다. 이 시기는 셰익스피어에게 있어 인간으로서의 경험과 작가로서의 기량에 통달하여 생각과 말과 뜻이 하나가 되어 더할 나위 없는 균형을 이루었던 시기이다. 그의 작품의 억양은 다시 바뀌어 흔히 극적 로맨스라

불리는 줄거리 속에서 인간의 수난은 여전히 죄와 약점에서 초래되는 것이지만, 대체로 악인이 개전하여 선으로 전향함으로써 결국엔 선이 악을 이기는 대단원으로 끝을 맺게 된다. 이것은 인생에서 뜻한 바를 이루고 성공적인 경력을 끝맺으려는 한 예술가가 도달한 화해와 허탈의 경지라 할 것이다. 이 시기에 나온 작품으로는 <심벌린>, <겨울 이야기>, <템페스트> 등의 희극과, 사극 <헨리 8세>가 있다.

이상에서 셰익스피어의 작품을 대충 훑어보았다. 한마디로 그는 영국의 활기찬 토착극의 전통을 집대성하고, 르네상스의 물결을 타고 들어온 그리스와 로마의 고전주의의 요소들을 수용하여, 독특한 내용과 형식을 갖춘 영국 연극을 완성시켜 놓았다. 또한 시에서도 영국형 소네트와 무운시의 형식을 완성시켰으며, 영어를 자유자재로 구사함으로써 영어 자체의 무한한 가능성을 개발한 장본인이기도 했다. 특히 영국 연극을 논하는 마당에선 그는 바로 오늘날에 이르기까지 가장 높은 봉우리임은 말할 필요가 없다.

1598년 겨울부터 1599년 봄 무렵까지 템즈강 남쪽 서더크에 새로운 극장이 모습을 드러냈다. 각 면의 너비가 대략 30m 되는 목조건물의 무대는 계단식으로 된 관람석 세 구역과 그라운드라고 불리는 지면의 입석 구역을 돌출되도록 만들어졌다. 총 3,000 명의 관객을 수용할 수 있었는데, 이는 당시 대도시 런던에서도 놀라운 크기였다.

새로운 극장의 31년 임대 운영권은 극단의 새로운 이름이 된 궁내장관극단이 갖게 되었다. 계약 절반의 소유권은 젊은 버바지 형제가, 그리고 나머지 절반은 5 명의 배우가 나누어 가졌는데 셰익스피어도 이 중 한 명이었다. 극장 이름은 글로브극장이라고 칭했다. 그의 작품 중 대다수가 바로 이곳 글로브극장에서 초연되었다.

1599년 6월, 놀랍도록 빠른 속도로 완공을 마친 글로브극장의 개봉작이 발표되었다. 셰익스피어의 <줄리어스 시저>였다. 끊임없이 이어지는 왕의 암살 시도, 그리고 사회적으로 만연한 대중이 불안한 정서에 적합한 비극이었다. <줄리어스 시저>의 성공을 시작으로 글로브극장은 엄청난 성공을 거두었다.

1613년에 <헨리 8세>의 공연 도중 옮겨 붙은 불로 글로브극장은 소실되었다. 1614년 그 자리에 두 번째 글로브극장이 다시 세워졌다. 이번에는 사고 없이 1640년까지 잘 운영되었다. 이후 글로브극장은 1642년 청교도 정권의 압력으로 폐쇄되고 1644년까지 철거되었다.

셰익스피어는 평생 두 명의 왕을 모셨다. 엘리자베스 1세와 제임스 1세다. 만약 그들이 연극에 전혀 관심이 없었거나, 아니 당시 청교도인들이 주장하는 대로 연극을 타락의 상징으로 여겨 탄압했더라면 그는 성공할 수 없었을 것이다. 다행히 그들은 연극을 사랑하는 왕이었다. 엘리자베스 서거에 이은 제임스 1세의 왕위 즉위는 그의 생애의 중요한 전환점이 될 수밖에 없었다.

1603년, 엘리자베스 여왕이 45년간의 비범한 통치를 끝맺고 죽음을 맞이했지만 다행히 여왕의 부재가 연극과 극단의 종말을 가져오지는 않았다. 오히려 그 반대였다. 제임스 1세 즉위와 함께 셰익스피어의 극단인 궁내장관극단을 왕 자신이 직접 후원하는 국왕극단으로 승격시켰다. 국왕극단으로 이름을 바꾼 그의 극단은 이제 왕가를 등에 업고 왕실 문장이 수놓인 왕실제복을 입을 수 있는 자격까지 주어졌다. 왕과 그의 가족들은 국왕극단의 열렬한 팬이 되었다. 그 극단은 1603년에서 1604년으로 넘어가던 겨울 동안 궁정에서 여덟 편의 연극을 공연했다. 그 다음 계절에도 그들은 열한 차례나 궁정 공연을 했는데, 그 중 왕이 가장 좋아한 연극은 <베니스의 상인>이었고, 왕은 1605년 2월 10일에서 12일까지 사흘 동안 이 연극을 두 번이나 공연하게 했다.

연극을 사랑했던 제임스 1세에게 셰익스피어는 좋은 친구였다. 선왕 엘리자베스 1세 역시 연극의 든든한 후원자였지만, 이 새로운 왕실의 연극사랑은 극단과 극작가 모두에게 전례 없는 수준의 번영을 안겨 주었다. 이후 청교도 혁명으로 공화제 시대가 열리는 1642년, 모든 극장이 폐쇄될 때까지 국왕극단은 명실공히 최고의 극단 자리를 지켰다.

셰익스피어가 만일 집안이 몰락하지 않았다면 옥스퍼드나 케임브리지 대학에 진학했을 것이다. 만약 그가 대학에 갔더라면 당시에 지적 엘리트가 되었을 것인데, 그가 대학에 가지 못했기 때문에 그는 피나는 노력으로 대학 졸업자 이상의 실력을 갖추게 된 것이다.

셰익스피어는 비단 엘리자베스 시대의 극작가들 중에서 가장 중심적인 존재일 뿐만 아니라, 세계의 연극 사상에서도 가장 크고 높은 봉우리의 하나라고 하겠다. 말하자면, 그 동안 발전해왔던 영국 연극이 셰익스피어에 이르러 그 절정을 이루었다고 보아야 할 것이다. 그는 위대한 천재성을 지녔을 뿐만 아니라 작가로서의 훈련과 인간적인 발전을 위한 노력 또한 그에 못지않았음을 엿볼 수 있다. 그는 당시의 다른 작가들과 마찬가지로 처음에는 배우로, 다음에는 옛 희곡작품의 개작가改作家로, 그리고 독립된 극작가로 단계적 발전 과정을 밟아갔다. 그는 뛰어난 상상력과 인간 본성을 꿰뚫는 통찰력, 풍부한 언어 구사 능력을 갖춘 작가로 대중의 기호를 연구하고, 그들의 생각과 감정을 몸에 익히고, 릴리, 그린, 말로우 등 그의 선구자들이 시도한 비결을 모두 터득함으로써, 바로 대중 관객이 원하는 것을 가장 정교한 형식으로 다듬어서 그들에게 주었던 것이다.

셰익스피어의 작품들은 성경, 그리스 로마 신화와 함께 인문학의 필독서 가운데 하나이다. 그는 세계 연극사에서 가장 위대한 극작가이자 세계 문학의 최고봉이라고 할 수 있다. 햄릿, 로미오와 줄리엣과 같은 유명한 캐릭터들을 창조해 내고 모든 이의 머릿속에서 영원히 지워지지 않는 명언들을 수없이 남긴 그를, 동료 극작가 벤 존슨은 '한 시대가 아닌 만세萬歲를 위한 작가'라고 평했다. 존슨의 말대로 그의 작품들은 오늘날에도 전 세계에서 끊임없이 공연되고 있으며, 최근에는 영화로도 많이 만들어져 현대 대중문화 속에서 변함없는 인기를 누리고 있다.

셰익스피어는 37편의 희곡작품과 여러 권의 시집과 소네트 집을 남기고 1616년 고향에서 숨을 거두었다. 영국 사람들은 "셰익스피어를 식민지 인도와도 바꿀 수 없다."라고 말할 만큼 그의 작품을 아끼고 사랑했다. 그의 작품들은 오늘날에도 자주 읽히고 인용, 번역, 공연 그리고 영화화되고 있을 만큼 시대를 초월해서 사랑을 받고 있다.

셰익스피어의 대표작 〈햄릿〉

덴마크의 수도 엘시노어의 궁전에서는 밤중에 유령이 나타났다. 그 유령이 두 달 전에 세상을 떠난 전 임금의 모습을 그대로 닮았다는 얘기를 듣고 전 임금의 아들 햄릿은 친구 호레이쇼와 함께 망대에서 기다리고 있었다. 과연 전임금의 유령이 나타났다. 햄릿은 그 유령한테서 얘기를 들었다.

"… 자, 햄릿, 잘 듣거라. 전하는 바에 의하면, 나는 정원에서 낮잠을 자는 동안에 독사에게 물렸다고 한다. 덴마크 온 땅이 나의 죽음에 관한 이와 같은 헛소문에 모조리 속고 있지만, 사실은 알겠느냐, 잘 듣거라. 사실은 너의 부친의 생명을 빼앗은 금독사는 현재 그 머리에 왕관을 쓰고 있다."

"오, 나의 예감이여! 나의 숙부가?"

전왕의 유령은 햄릿의 숙부가 자기를 독살하여 왕위와 왕비를 빼앗았다는 얘기를 일러 주었던 것이다. 감성이 예민하고 사색벽이 강한 햄릿은 그 유령이 자기의 마음을 어지럽히려는 악마의 소행일지도 모른다고 생각하고 복수의 실행을 주저한다. 햄릿은 숙부 곧 클로디어스 왕의 눈을 속이기 위해 은밀히 복수 계획을 세우며 미친 사람의 행세를 했다. 재상 보로니아스는 햄릿의 미친 원인이 자기 딸 오필리아에 대한 실연 때문일 것이라고 임금에게 아뢰었다.

햄릿은 숙부인 지금의 왕과, 그리고 남편의 아우와 결혼한 어머니인 왕비에 대한 복수를 차근차근 진행시켜 나갔다. 그러나 왕은 햄릿의 미친 증세를 곧이 믿지 않고 신하로 하여금 염탐시키거나 햄릿이 눈치 못 채게 신중을 기했다. 그러던 어느 날, 유랑 극단이 궁성에 찾아 왔다. 햄릿은 그 배우들에게 유령으로부터 들은 대로 선왕이 암살될 때의 장면과 똑 같은 연극을 하도록 해서 임금과 왕비의 반응이 어떤지 살펴보려고 했다.

"…저 배우들에게 나의 아버지의 살해 장면을 숙부 앞에서 재현시켜 보자. 안색을 살피고 급소를 찔러 보자. 조금이라도 움찔하면, 내 갈 길은 확실해지는 거야."

아니나 다를까, 왕은 연극을 보자 당황하고 왕비는 놀랐다. 이것으로서 왕의 죄상을 안 햄릿은 당장 왕을 죽이려 했으나 그의 도덕적인 양심이 당장 그의 행동을 가로 막는 것이었다. 그는 갑자기 우울해졌다. 그에게 매달리는 사랑하는 오필리아에게 조차도 냉랭하게 "수녀원에나 가라."고 외치는 그는 사무치는 고독을 느끼면서 다시 복수할 기회를 기다렸다.

그러던 어느 날 왕비의 방에서 어머니와 얘기하고 있던 햄릿은 병풍 뒤에서 엿듣고 있는 보로니아스를 왕으로 잘못 알고 칼로 찔러 죽였다. 그것을 구실 삼아 왕은 햄릿을 영국으로 추방했다. 영국 왕에게 햄릿을 암살해 달라는 밀서도 함께 보냈다.

한편 오필리아와 햄릿은 로미오와 줄리엣처럼 '운명이 엇갈린 연인'이다 그녀가 클로디어스의 간신배인 폴로니어스의 딸이기 때문이다. 또한 햄릿이 폴로니어스를 살해함으로써 그들의 운명은 비극의 정점으로 치닫고 만다. 불행한 오필리아는 햄릿과의 관계를 청산하라는 아버지의 요구, 햄릿의 정욕의 화살로부터 순결을 지키라는 오라버니의 요구, 결혼하지 말고 수녀원에서 수절할 것을 강요하는 햄릿의 강압적 요구에 떠밀리며 방황하다 결국 미쳐서 물에 빠져 죽고 만다.

오필리아의 오빠 래어티스는 아버지와 누이동생의 원수가 다름 아닌 왕이라고 생각하고 성 안으로 들어갔다. 햄릿은 클로디어스의 음모를 알아차리고 영국으로 가는 도중에 뱃길을 바꾸어 고국으로 돌아왔다. 클로디어스 왕도 햄릿이 영국을 탈출해서 귀국한다는 소식을 듣고 있었기 때문에 복수심에 불타는 래어티스에게 그 아버지의 원수는 다름 아닌 햄릿이라고 일러주고 햄릿을 없애야 한다고 일러주었다. 래어티스는 때마침 누이동생이 물에 빠져 죽었다는 소식을 듣고 왕의 계획을 받아들였다.

오필리아를 매장하고 있는 현장 근처를 지나가던 햄릿은 슬픔에 젖어 있는 래어티스를 만났다. 햄릿의 귀국소식을 들은 왕은 아버지의 원수를 갚으려는 래어티스와 햄릿과 검술 시합을 시켜 햄릿을 살해하려고 래어티스의 칼끝에 독약을 발라 두었다. 혹시 햄릿이 이길 경우를 대비해서 그가 마실 술잔에다 독약을 넣어두었다.

햄릿과 래어티스 두 사람의 시합은 성안의 넓은 홀에서 열렸다. 그 결과 비참한 일이 벌어졌다. 시합 도중에 칼이 바뀌었기 때문에 래어티스는 왕이 독약을 발라놓은 칼끝에 찔려 쓰러졌다. 빈사 상태에 빠진 래어티스는 국왕의 배신행위를 햄릿에게 고해바쳤다. 햄릿이 이기자 기뻐서 승리의 잔으로 술을 마신 왕비도 죽어버렸다. 이 참극을 보고, 더욱 사악한 왕의 행실을 안 햄릿은 그 칼로 왕을 찔러 아버지의 원수를 갚는 것과 동시에 어머니의 뒤를 따라 독주를 마시고 스스로 목숨을 끊었다. 햄릿은 죽어가면서 그의 곁에 있던 호레이쇼에게 "살아남아서 나의 입장을 올바르게 설명해주게."라고 유언을 했다. 이 비참한 최후를 목격한 호레이쇼는 참극의 자세한 진상을 세상 사람들에게 알림으로써 햄릿의 정당성을 증명했다.

셰익스피어의 대표작 <햄릿>은 당대의 그리스, 로마 문화의 재현을 꿈꾸었던 고전주의 작가들의 최고의 경지로써 목표를 삼았던 '완벽한 구성의 비극'의 전형을 보여주고 있다. 사실 햄릿은 셰익스피어가 만들어낸 인물은 아니었다. 그의 대부분의 작품이 그렇듯이 유년 시절 접했던 설화나, 독서광이었던 그가 읽었던 책, 그리고 다른 연극에서도 과감하게 아이디어를 착안했다. 그의 천재성은 무에서 유를 만들어내는 데 있지 않았다. 그의 소질은 이미 회자되던 이야기들을 찾아내어 몇 스푼의 창의성을 더해 맛있게 비벼내는 데 있었다.

12세기 덴마크 역사가 삭소 그라마티쿠스가 처음 소개한 '햄릿'은 1589에 런던에서도 공연될 만큼 영국인들에게도 통했다. 셰익스피어도 시장 조사겸, 그 인기가 많다는 <햄릿>을 보러 수차례 극장에 방문했을 것이다. <햄릿> 대본을 발표한 뒤, 그는 직접 자신의 연극에 유령으로 출연했다. 그는 극작가와 배우를 동시에 소화해내는 전천후 연극인이었다. 1592년, 1598년, 1603년, 1608년에 배우를 했다는 기록이 남아있는데, 그가 맡은 단골 배역이 바로 <햄릿>에 나오는 유령이었다.

이순신 장군

(李舜臣 將軍 : 1545-1598)

이순신은 1545년 4월 28일, 당시 한성부 건천동에서 아버지 이정과 어머니 초계 변씨 사이에서 셋째 아들로 태어났다. 건천동에 본가가 있던 허균이 남긴 기록을 보면, 당시 건천동에는 34가구가 있었고, 이순신과 허균뿐만 아니라 유성룡도 살았다.

본관은 덕수, 자는 여해이며, 고려 때 중랑장을 지낸 이동수의 후손이다. 할아버지 이백록은 기묘사화 후 낙향해 은거했고, 이순신의 아버지 이정도 그 영향으로 벼슬을 하지 않았다. 이순신이 여덟 살이 되던 무렵에 어머니의 고향인 충남 아산으로 거처를 옮긴 후 줄곧 그곳에서 살았다. 소년 이순신, 청년 이순신은 언제나 무장이 되기를 꿈꿨다. 그래서 무장이 되기 위해 해야 할 일과 무장이 가져야 할 자세를 끊임없이 익혀 나갔다. 자신만의 꿈을 이루기 위해 끊임없이 배움에 도전했다.

청년이 된 이순신은 진로에 대한 깊은 고민에 빠졌다. 바로 문인이란 집안 배경 때문이었다. 그의 집안은 명문가 중 하나였다. 그의 고조할아버지 이변은 서른의 나이로 문과에 급제한 후에 중국말을 배워 명나라 외교를 맡았으며, 무려 50년에 걸쳐 관료생활을 했다. 그의 증조할아버지 이거는 연산군의 세자시절 스승이기도 했다. 할아버지 이백록 역시 성균관에서 공부할 만큼 뛰어난 인재였다.

이토록 뛰어난 문인의 가정에서 태어난 이순신이 무인의 길을 선택하기는 쉽지 않았다. 게다가 조선시대에 무인은 문인에 비해 천시를 받았다. 결국 그는 자신이 원하는 길을 포기하고, 문과를 준비해야만 했다. 어린 이순신이 품었던 대장의 꿈은 쉽게 이루어질 수 없었다. 그는 형들을 따라 유학을 배웠는데, 책을 읽고 파악하는 능력이 뛰어났다. 또한 글씨도 잘 썼다. 실제로 그가 쓴 글씨는 오늘날까지도 명필로 인정받고 있다.

비록 자신이 원하는 길은 아니었지만, 문과를 준비하며 읽은 수많은 책은 장군 이순신의 탄생에 중요한 밑거름이 되었다. 수없이 반복해 책을 읽고 외우면서 온갖 지혜를 쌓은 그는 훗날 뛰어난 병법을 쓰며 훌륭한 리더십을 발휘할 수 있었다.

스무 살의 청년이 된 이순신은 누구 못지않게 키가 크고 늠름한 대장부였다. 눈에 띄는 것은 풍채만이 아니었다. 그 동안 수없이 많은 책을 읽고 글을 쓰며 공부한 덕분에 그의 눈은 총명하게 빛났고, 그가 하는 말에는 지혜가 넘쳤다.

1565년, 스물한 살이 된 이순신은 열아홉 살의 상주 방 씨에게 장가갔다. 당시에는 지금과 다른 결혼 문화가 있었는데, 여자가 시집으로 가지 않고 남자가 처가로 가서 살았다. 그는 상주 방 씨를 중매로 만나 혼인했다. 청소년 시절에 글공부를 해야만 했던 이순신은 직접 마을에 글방을 열고 동네 아이들에게 <자치통감>을 가르쳤다. 어느 날 이순신의 글방 앞을 지나가던 영의정 이준경은 한 청년이 자신보다 조금 어린 아이들을 가르치는 모습을 보고 깜짝 놀랐다. 그 광경을 보고 감탄한 이준경은 시간이 흘러 자신과 인연이 있는 방진이 사윗감을 찾는다는 소식을 듣고 이순신을 추천했다.

예나 지금이나 결혼은 삶의 큰 전환기였다. 장가든 이순신 역시 한 가정을 책임져야 하는 어른이 되었다는 사실에 뿌듯해하면서도 부담을 느꼈다. 그러나 결혼보다 더 강하게 그의 가슴을 두드리는 일이 생겼다. 그는 자신의 운명을 바꿀 때가 되었다는 사실을 깨달았다.

이순신은 혼인 전부터 자주 만난 장인 방진을 매우 따랐다. 무과에 급제해 제주현감과 보성군수를 거친 방진은 당대의 최대의 명궁으로 불리는 뛰어난 무인이었다. 그의 집안사람들 역시 안팎으로 뛰어난 무인이 많았다. 임진왜란 중에 벌어진 수천 예교성 전투에서 선봉장으로 활약하다가 전사한 이순신의 막하 장수 황세득도 방진의 조카사위였다.

진정한 무인인 방진의 모습을 보며, 이순신은 자신이 늘 꿈꿔온 무인의 길에 도전하기로 마음먹었다. 당시에는 무과 준비를 위한 교육기관이 따로 없어서 스스로 스승을 찾아 가르침을 받아야만 했는데, 방진은 이순신에게 있어서는 최고의 스승이 될 만한 자격과 능력을 갖춘 사람이었다. 이순신은 방진에게 말 타기, 활쏘기 등 각종 무예를 배우며 병서를 찾아 읽기 시작했다.

결국 이순신은 20대가 되어 건천동 골목대장 시절부터 가슴 깊이 묻어 두었던 꿈을 펼칠 기회를 얻었다. 다른 사람에 비해 뒤늦게 무예를 시작했지만, 이순신은 지난 시간을 탓하기보다는 다른 사람보다 몇 배나 더 열심히 훈련하고 공부하면서 어려움을 극복해나갔다.

이순신의 무예 훈련은 스물여덟 살까지 이어졌다. 비가 오나 눈이 오나 말을 타고 활을 쏘며 아산의 산과 들을 누빈지 6년이 흘렀다. 그해 가을이 되자 한양 훈련원에서 별과를 연다는 소식이 들려왔다. 3년마다 한 번씩 열리는 정기 시험과는 달리, 별과는 예정 없이 나라에 특별한 일이 있을 때마다 열리는 시험이었다.

이순신은 무예에 대한 가르침을 주변 사람과 책으로부터 얻었다. 엄하지만 따뜻한 어머니로부터는 나라와 백성을 책임지고 사랑하는 마음을 배웠다. 어린 시절부터 함께 해온 이웃 형이자 정치가인 유성룡과는 서로 마음의 문을 열고 소통하며, 난국을 해결해 나갈 지혜와 방안을 찾았다. 이뿐만 아니라 역사와 병법을 다룬 다양한 서적을 이순신은 그 속에 등장하는 인물을 자신의 롤 모델로 삼아, 상상 속에서 그들과 대화하며 지혜를 얻었다.

대체로 문관 출신의 집안이었지만 이순신은 20대에서 말 타기와 활쏘기 등 무예를 익히고, 28세 때 무과에 응시했다. 그러나 이때에 시험도중 낙마해 다리를 다치는 부상을 입어 낙방하고 말았다. 과거에 떨어졌지만, 그는 하염없이 절망에 빠지거나 포기하지 않았다. 간절한 자신의 꿈을 이루기 위해 그는 다시 활을 잡고 말을 타기 시작했다.

1576년 2월, 드디어 정기 무과가 열리었다. 서른두 살이 된 이순신은 1차 시험인 초시에 합격했다. 이제 2차 시험인 복시와 최종 시험인 진시만이 남아 있었다. 10년이란 오랜 기간 동안 치열하게 노력한 그는 당당히 합격했다. 무과에 합격한 그의 계급은 종 9품이었다. 사실 모든 급제자에게 계급이 주어지는 것은 아니었다. 당시 그와 함께 합격한 29명 중 13명은 관직에 임명되지 못했다. 과거에 합격하더라도 높은 사람의 추천을 받아야만 했기 때문이다.

그해 겨울 이순신은 혹한이 몰아치는 함경도 동구비보의 권관에 임명되었다. 권관은 변경지대의 작은 진영에 배치된 무관직이었다. 그는 추천에 앞서 스스로 함경도에서 근무하기를 요청했기에 자리를 얻을 수 있었다. 당시 함경도는 변방에 위치한 지역이었는데, 대부분의 무관들이 근무하기를 꺼려했다. 국경너머 만주 일대의 여진족과 끊임없는 전투가 벌어져 언제 죽을 지도 모르는 위험천만한 곳이었기 때문이다.

하지만 이순신은 자신의 꿈을 이루기 위해 목숨을 걸고 최전방으로 지원했다. 단순한 안정과 성공보다는 자신을 필요로 하는 곳과 자신이 해야 할 일을 우선적으로 여기며 묵묵히 매서운 눈보라에도 아랑곳없이 조선의 국경을 굳게 지켰다. 그는 서른다섯 살까지 함경도에서 근무했다. 그 후 북방에서 고생한 공로를 인정받아, 종 8품으로 승진해 한양 훈련원 봉사에 임명되었다.

한양 훈련원에서 이순신은 인사 문제를 맡았다. 그가 각종 근무기록을 검토하여 승진자와 탈락자를 선정하면, 마지막으로 상급자들이 심사해 결정했다. 그러던 어느 날이었다. 여느 때처럼 그는 승진자 명단을 작성해 상급자들에게 올렸다. 그런데 인사담당의 최고책임자였던 병조 정랑 서익이 그를 불러들였다. 서익은 크게 화가나 있었다. 서익은 자기가 아끼는 사람을 승진시키려고 했는데, 그가 그 사람을 승진자 명단에서 탈락시킨 것이다. 그의 지론은 아직 경력이 부족하고 자격이 없는 사람을 승진시킬 수 없다며 서익의 명령을 거부했다. 결국 상관은 자신의 계급까지 들먹이며 협박을 했다. 그는 뒤돌아보지도 않고 서익의 방에서 나왔다. 사실 말단 관리가 상관인 서익의 명령을 따른다고 해서 해를 입을 일은 없을 것이다. 그럼에도 그는 원칙과 규정을 무엇보다 중요하게 여겼다.

이후 이순신은 충청병마절도사의 군관을 거쳐, 1580년 7월에 서른여섯 살의 나이로 전라도 고흥 발포의 수군 만호(수비대장)로 수군과 첫 인연을 맺었다. 이때 그가 수군을 경험하지 않았다면, 우리 역사 속에 거북선이나 한산대첩, 명량대첩은 존재하지 못했을 것이다. 그러나 발포에서 보낸 시간은 고난의 시기기도 했다. 그의 뻣뻣한 태도는 사람들의 미움을 사기 쉬웠고, 특히 상관들의 신경을 거슬리게 했다. 전라관찰사에게도 미움을 받은 그는 인사 평가에서 가장 낮은 점수를 받을 위기에 처했다. 관찰사가 그를 골탕 먹이기 위해 불시에 점검을 나와 그가 관할하는 발포를 일부러 낮게 평가한 것이다.

그러나 이런 상황에서도 이순신의 정직하고 성실한 인품을 믿어준 사람들이 있었다. 당시 전라 도사였던 조헌은 그의 인품과 능력을 알아보고, 관찰사의 낮은 평가에 이의를 제기했다. 당시 도사는 관찰사 다음가는 직책이었고, 인사 평가에서 도사의 서명을 받아야만 했기에, 관찰사도 어쩔 수 없이 발포에 대한 평가를 수정해야만 했다.

그런데 서른여덟 살이 되던 1582년 1월, 이순신 결국 모함을 받아 파직을 당해야만 했다. 발포에서 근무한지 1년 반이 지난 때였다. 한양훈련원에서 봉사로 인사업무를 담당하던 시절, 그에게 인사 청탁을 했다가 거절당한 서익이 군기경차관이 되어 발포로 순시를 왔다. 서익의 역할은 각 지역 군부대를 감사하는 감사관이었다. 서익은 개인적인 앙심을 품고 그의 부대의 군기가 허술하다며 허위보고서를 올렸다. 그는 평생 세 번의 파직을 당했는데, 이 때 바로 첫 번째 파직을 경험했다.

발포 만호에서 파직된 후 몇 달이 채 지나지 않은 1582년 5월, 이순신은 한양 훈련원 봉사로 복직되었다. 종 4품에서 종 8품으로 떨어진 것이다. 그러나 그는 한마디 원망도 없이 주어진 길을 묵묵히 걸어갔다. 다음 해인 1583년 7월, 이순신은 함경남도 병마절도사 이용의 군관으로 발탁되어 다시 함경도로 갔다. 이용은 이전에 그를 발포에서 내쫓으려고 한 적이 있었지만, 그의 능력과 함경도에서 근무한 경험을 높이 사 곁에 두기로 했다.

몇 달 후, 이순신은 권원보의 권관에 임명되었다. 권원보는 두만강 국경의 전선이었다. 당시 나라에서는 유능한 장수들을 전선으로 내보내 여진족의 침입을 막도록 했다. 이때 병조판서를 지낸 율곡 이이는 한창 여진족의 침입 문제가 심각한 시기였다.

그해 10월, 이순신은 끊임없이 국경을 넘나들며 골칫거리가 되어 온 여진족의 우두머리 울기내를 유인해 사로잡았다. 그러나 함경북도 병마사절도사 김우서는 자신보다 계급이 낮은 장수가 큰 공을 세우자, 자신의 능력에 대한 의심을 살까봐 우려하여 그가 보고하지 않고 단독으로 작전을 수행했다고 비난했다. 이로 인해 그는 큰 공을 세우고도 상을 받지 못했다. 11월에 임기가 끝나자 이순신은 훈련원의 참군으로 승진했다. 몇 년 동안 계급이 오르락내리락 했지만, 그는 출세에 연연하지 않고 자신이 할 수 있고 해야 하는 일에만 집중했다.

1586년에는 함경도 조산보병마 만호와 녹둔도 전관을 겸하게 되었는데, 여진족들이 수시로 침입하자 그는 증병을 요청했다. 하지만 상관인 이일은 그의 청을 들어주지 않았다. 그러다가 여진족의 습격을 받아 병영이 피해를 입게 되자, 이일은 오히려 이순신을 무고했다. 이순신은 적은 병력으로 여진족과 맞서 싸워 포로 60 명을 체포했음에도 경흥부사 이경록과 함께 투옥되었다가 백의종군하라는 명령을 받고 풀려났다.

이순신은 이런 어려움을 겪으면서도 묵묵히 자신의 길을 걸어갔다. 그러나 유능한 인재는 누구든 알아보기 마련이다. 이순신이 마흔다섯 살이 된 1589년, 전라관찰사 이광은 다양한 경험과 지혜를 갖춘 그를 자신의 조병장으로 발탁했다. 이후로도 그는 계속해서 승진을 거듭했다. 그해 12월, 그의 능력과 됨됨이를 잘 알고 있던 유성룡의 천거로 그는 정읍현감에 임명되었다. 본래 이 자리는 문인 관료의 자리였다. 그러나 그는 문인으로서의 능력까지도 갖추고 있었기에 이 자리를 맡을 수 있었다.

2년 동안 이순신은 뛰어난 행정 능력을 펼쳤다. 그는 정읍뿐만 아니라 수령 자리가 비어 있던 이웃 고을 태인까지 맡아 다스렸다. 그의 합리적이고 공정한 행정 처리를 경험한 태인 백성들은 그를 태인의 수령으로 보내 달라고 조정에 탄원서를 올리기도 했다.

1589년부터 1591년 사이에 이순신이 거친 승진 과정은 모두 어릴 때부터 가까이 지낸 유성룡과 관계가 있었다. 대사헌부터 이조판서, 좌의정 등을 지낸 유성룡이 늘 변방을 전전하는 이순신의 능력을 아깝게 여겨 적극적으로 후원하기 시작한 것이다.

그 후 일본과의 전운이 감돌기 시작한 1591년 2월에 다시 유성룡의 천거로 전라좌도 수군절도사로 임명되었다. 정 6품 정읍현감에서 정 3품 당상관인 전라좌수사로 발탁되었으니 7등급을 승진한 것이다. 그는 정읍을 떠나 지금의 여수에 있는 전라좌수영으로 향했다. 조선의 수군사水軍史가 새로 열리는 순간이었다.

이순신은 일본과의 전쟁을 예견했다. 1591년 2월, 전라좌수영에 부임한 그는 관내를 부지런히 순시하면서 여러 방비시설들을 점검하고 보완하도록 했다. 또한 전함을 수리하거나 새로 여러 척을 건조했는데, 거북선도 이 때 건조했다. 그 짧은 기간 동안 이순신은 군의 기강을 바로 세워 나갔으며, 전선 24척과 거북선 3척을 제조하고 좌수영의 무너진 성을 보수했으며, 좌수영 앞바다에 철쇄를 설치하면서 전쟁준비를 철저하게 해 나갔다. <난중일기>의 3월 27일 일기에는 '거북선에서 대포 쏘는 것도 시험해 보았다'라고 기록되어 있다.

마침내 1592년 4월 13일, 일본은 수백여 척의 병선과 20만 여명의 군사를 앞세워 부산진을 공격해 임진왜란을 일으켰다. 이순신이 경상좌수사 박홍의 공문을 통해 전쟁 발발 소식을 전해들은 것은 4월 15일이었다. 왜선 350여척이 부산포 건너편에 진을 쳤다는 내용이었다. 또한 다음날에는 부산진이 함락되었다는 통첩을 받았다. 조정에서도 박홍의 장계로 일본이 쳐들어왔다는 것을 알게 되었다.

선조는 좌의정 유성룡을 도체찰사로 임명하고, 이일을 순변사, 신립을 도순변사로 삼아 일본의 침략에 대응하려 했다. 그러나 부산진을 함락시킨 일본은 파죽지세로 북상했다. 이일이 4월 24일 상주에서 일본군에 맞섰으나 대패했고, 4월 27일에는 신립이 충주에서 다시 일본군에 대패 후에 전사했다.

경상좌수사 박홍은 바로 성을 버리고 달아났다. 경주의 왜적이 군대를 나누어 서생포와 다대포를 함락시켰는데, 다대포 첨사 윤흥신이 대항해 싸우다가 죽으니 바닷가의 군현과 진보들은 모두 소문을 듣고 도망쳐 흩어졌다.

왜병들이 바다를 건너오자 경상우수사 원균은 대적할 수 없는 형세임을 알고 전함과 전구를 모두 물에 침몰시키고 수군 1만 여명을 해산시키고 혼자 옥포만호 이운룡과 영등포만호 우치적과 남해현에 머물면서 육지를 찾아 적을 피하려고 했다.

경상도 수군은 그야말로 전멸상태였다. 보다 못한 옥포만호 이윤홍이 이원균에게 "사또가 나라의 중책을 맡았으니 의리상 관할 경내에서 죽는 것이 마땅하다. 이곳은 바로 양호(호남과 호서)의 요해처로서 이곳을 잃게 되면 양호가 위태롭다. 지금 우리 군사가 흩어지기는 했지만, 그래도 모을 수 있으며 호남의 수군도 와서 구원하도록 청할 수 있다."고 호소했다. 그제야 원균이 이순신에게 구원을 요청했다.

구원 요청을 받은 이순신은 4월 30일 우수사 이억기가 이끄는 전라우도 수군이 도착하면 경상도를 구원하러 출정하겠다는 장계를 올렸다. 그는 본영 앞바다에 집결한 수군을 점검하고 장수들과 작전을 짰다. 그런데 5월 3일 전라우도 수군이 도착하지 않자 녹도만호 정운이 "우수사는 오지 않고 왜적은 점점 서울에 가까이 다가가니 분한 마음 이길 길 없거니와 만약 기회를 잃는다면 뒤늦게 후회해도 소용없습니다."라고 했다.

5월 4일 새벽, 드디어 첫 출정에 나섰다. 이순신은 언양현감 어영감을 앞장세워 거제 앞바다로 갔다. 그곳에서 원균을 만나 일본군이 진을 치고 있는 옥포로 향했다. 당시 전투의 상황을 보면, 옥포해전에서 왜선 30척을 만나 대파했다. 이 전투에서 이순신은 왼쪽 어깨위에 적 탄환을 맞았다. <난중일기>에는 "탄환이 등을 뚫고 지나갔으나 중상은 아니었다."고 적혀 있다.

옥포해전의 승리를 시작으로 이순신은 남해의 바다에서 연전연승을 했다. 1592년(선조 25) 6월 한 달 동안 당포, 당항포, 영등포에서 왜선을 크게 격파했다. 그는 조선 수군의 명성을 크게 떨치며 파죽지세의 전세로 기세를 높였던 일본군을 역으로 위협했다.

또한 7월에는 한산도에서 일본군을 다시 한 번 크게 무찔렀다. 바로 임진왜란 3대 대첩으로 꼽히는 한산대첩이다. 이 전투에서 이순신은 지세를 이용하여 적선 63척을 불살라버리고 왜적 400여명은 배를 버리고 육지로 달아났다. 같은 달 안골포에서도 적선 42척을 격파하고 9월에 부산포를 습격해 적선 100여척을 격파함으로써 일본군에 치명상을 입혔다.

이순신의 이와 같은 전공으로 동쪽 일부를 제외한 남해안의 제해권을 장악했다. 이로써 곡창지대인 전라도를 지킬 수 있었고, 적의 보급로를 차단해 일방적으로 밀렸던 임진왜란 초반의 전세를 만회할 수 있었다.

왕과 조정이 평양에서 의주까지 피난을 가 있는 사이, 수군의 승리뿐만 아니라 김시민의 진주성 전투의 승리, 의병장 정문부의 길주 전투 승리 등 육군의 승전보도 올라오기 시작했다. 그리고 전쟁이 해를 넘긴 1593년, 이순신이 지휘하는 수군은 당항포 등에서 왜적을 대파했다. 이에 한양으로 돌아온 선조는 이순신을 전라좌수사 겸,

전라, 경상, 충청도 수사를 지휘 감독하는 삼도 수군통제사에 임명했다.

그런데 이순신이 삼도수군통제사에 오르면서 경상우수사 원균과 불화가 생겼다. 나이도 많고 군에서도 선배인 원균이 이순신의 지휘 아래 있는 것을 불편해 했기 때문이다. 수군 총사령관으로서 원균을 통제할 수 없게 되자 이순신은 급기야 통제사직의 사면을 요청하게 되었고, 결국 조정에서는 원균을 충청절도사로 옮기는 것으로 일을 마무리 지었다.

이순신과 원균은 이후에도 끝까지 불화를 겪는데, 이 둘의 일은 옥포해전 승리 후에 장계를 올리는 일에서 비롯되었다고 실록은 전하고 있다. 원균은 승전을 알리는 장계를 함께 연명해 올리게 했다. 그러나 이순신은 원균이 군사를 잃어 의지할 때가 없었던 것과 적을 공격함에 있어서 공로가 없었다는 상황을 모두 진술해 단독으로 장계를 올렸다. 이 일로 원균이 이순신에게 유감을 가졌다는 것이다. 공무를 수행할 때 원칙을 중시한 이순신의 소신이 뜻하지 않은 역풍을 맞은 셈이다.

이순신이 삼도수군통제사가 된 이후 전쟁은 조선과 일본이 만만치 않게 맞서고, 명나라 군사가 투입되면서 교착상태에 빠졌다. 1593년(선조 26) 5월 이후 명나라의 유격장군 심유경은 일본과 강화협정을 벌여 일단 왜군들은 밀양부 이남으로 철군하게 했다. 통제사

임명 이전에 이미 한산도 본영으로 옮겨 온 이순신은 당항포와 장문포, 영등포 등에서 소규모 전투를 벌였다. 또한 전함을 수리하고 피난민을 돌보면서 둔전을 관리하는 등 조금도 방비를 늦추지 않았다.

명나라와 일본군의 화의협상이 4여년을 끌면서 지지부진한 가운데, 1596년(선조 29)에 일본군 대부분이 철수했다. 그러나 협상이 결렬됨에 따라 1597년에 다시 대대적으로 일본군이 쳐들어왔다. 이른바 정유재란이었다. 이때 조선의 바다를 철통같이 지키던 이순신에게 시련이 시작되었다. 나가서 싸우라는 왕명을 어겼다는 죄목으로 이순신이 한양으로 끌려가서 하옥되는 사건이 일어난 것이다.

이 사건의 배후에는 간계를 부린 일본군뿐만 아니라 당쟁을 일삼던 조정 대신들과 여기에 휘말린 선조가 있었다. 당시에 이순신을 천거한 사람은 유성룡인데, 유성룡에게 반감을 가지고 있던 서인과 북인은 큰 공을 세운 이순신을 시샘해서 이순신을 제거할 꼬투리가 잡히자 적극적으로 나서 투옥시키고 대신 원균을 적극 추천했다. 이순신이 사형에 처할 위기에 몰렸으나 판중추부사 정탁, 도체찰사 이원익 등이 적극 나서 이순신을 살려 줄 것을 호소해 목숨을 구할 수 있었다. 그러나 이순신은 심한 고문을 당하고 권율의 원수부에 백의종군하게 되었다.

이순신 대신 삼도수군통제사를 맡아 일본군을 대적했던 원균은 1597년(선조 30) 7월, 칠천량에서 적의 유인작전에 넘어가 대패해 전사했다. 이순신이 키운 수군이 한 번의 전투로 전멸당한 지경에 이른 것이다. 결국 조정에서는 이순신을 다시 통제사로 삼은 것이다.

왜적을 막기 위해 다시 바다에 섰을 때 이순신에게 남은 것은 12척의 배와 얼마 되지 않은 병사들뿐이었다. 1597년 9월, 이순신은 전선 하나를 더 수습해 13척의 배를 이끌고 진도 벽마진으로 이동했다. 그리고 진도와 해남 사이의 물목인 명량해협에서 방어선을 치고 왜선을 기다렸다. 그는 명량의 빠른 물살을 이용해 적선 30여척을 격파하고 수십 척을 먼 바다로 격퇴시켰다. 이것이 바로 명량해전이었다. 최악의 여건에서 이순신의 전략과 전술로 승리를 이끌어낸 빛나는 전투였다.

이순신은 전쟁 중에도 특별한 일이 없는 한 거의 날마다 일기를 썼다. 그가 남긴 7권의 일기는 전쟁이 일어난 해인 1592년 1월 1일부터 시작해 노량해전에서 전사하기 이틀 전인 1598년 11월 17일까지, 임진왜란 7년 동안의 생생한 기록을 담고 있다. 훗날 정조 임금은 이순신의 업적을 기리기 위해 이 일기를 엮어 책으로 펴냈다. 그때부터 <난중일기>라는 이름으로 알려지게 되었다.

이순신의 마지막 전투는 1598(선조 31)년 11월 19일에 노량에서 치루어졌다. 본토에서 도요토미 히데요시가 사망하자 일본군은 모두 철수하고자 했다. 그러나 조선 땅을 유린하고 백성들을 도륙한 일본군이 돌아가는 길을 막자는 것이 이순신의 생각이었다. 그는 고니시가 이끄는 무려 500여 척의 일본군을 노량에서 만나 유정이 이끄는 명나라 군사와 함께 마지막 일전을 치루었다. 적선 200여척을 격파한 후에 어둠이 걷히고 검붉은 태양이 노량바다 위로 솟아올랐다. 바로 그때 이순신은 적군의 총탄에 맞았다.

그는 자신이 치명적인 상처를 입었음을 느꼈다. 그는 급히 방패로 자신의 앞을 가렸다. 행여 적이 자신의 상태를 볼까 걱정해서였다. "지금 싸움이 한창이니 내가 죽었다고 알리지 마라."라고 말하고 숨을 거두었다. 맏아들 회와 그의 조카인 완이 그의 죽음을 숨기고, 그의 명령으로 더욱 강하게 북을 치며 싸움을 독려하니 진중에서는 그의 죽음을 알지 못했다.

1598년 11월 19일, 싸움은 정오가 되어서야 끝났다. 이 전투로 왜선 500여 척 가운데 400척 이상이 깨졌다. 왜로 도주한 선박은 50여 척에 불과했다. 반면 파손된 조선 전함은 10여 척을 넘지 않았다. 30명이 넘는 이름난 왜장들이 죽었으며, 우리는 10여명의 장수가 순국했다. 악명 높은 왜장 시마즈는 부하들이 대신 화살을 맞고 죽는 틈을 타서 남은 배를 이끌고 도망가서 겨우 목숨을 건졌다. 고니시도 쥐새끼처럼 빠져나가 남해 미조 목을 거쳐 바깥 바다로 탈출했다.

이순신의 시신은 약 3일 동안 현재의 남해 충렬사 부근에 임시로 안치되었다가, 삼도수군통제영이 있던 도금도로 운구되었다. 그리고 다시 육로를 통해 12월 중순경에 충청남도 아산 본가로 옮겨졌다. 조선시대 4품 이상 관료들의 장례 관습에 따라 3개월 동안 장례를 치른 뒤에, 1599년 2월 11일, 아산 금정산에 안장되었다. 이후 15년이 지난 1614년 현재의 아산 어라산 묘소에 이장되었다.

이순신이 죽은 후에 조정에서는 예관을 보내어 제사하고 이순신에게 의정부 우의정을 증직했다. 6년 후에는 좌의정을 추증함과 아울러 덕풍부원군에 봉했고, 같은 해 10월 29일에는 선무 일등 공신에 책정했다. 또한 인조 21년에는 이순신에게 충무공 시호가 내려졌고, 정조 17년에는 영의정을 추증했다.

이순신은 전략을 알고 전술을 구사할 줄 아는 탁월한 무장으로 나라를 지키고 역사를 지킨 영웅임에 틀림없다. 그는 적이 오기 전에 방비를 철저히 하고, 전투에 나갈 때는 적진을 파악하고 전투지의 상황을 철저히 조사하는 등 반드시 이기는 싸움을 하는 명장 중에 명장이었다.

그러나 이순신 개인으로 볼 때 파란만장한 삶을 살았다.

우리나라 역사상 가장 위대한 사람이 누구냐는 질문을 던져 보면, 서슴치 않고 충무공 이순신이라는 답을 얻는다. 그것은 그가 끊임없는 모략과 중상 때문에 미관말직을 거치면서 몇 번씩이나 파직되었다가 다시 복직하는 곤욕을 치르면서도 변함없이 임금을 섬기고 나라를 위해 목숨을 바쳤기 때문이다. 그것은 자기 자신의 표준을 버리고 대의를 위해 평생을 보냈기 때문일 것이다. 후세 사람들은 이순신의 삶을 생각하고 성스러운 영웅, 즉 성웅 이순신이라고 불렀다. 5천년 역사에 영웅은 많아도 성웅은 오직 이순신 장군 한 분뿐이다.

토마스 에디슨

(Thomas Edison : 1847-1931)

토마스 에디슨은 1847년 2월 11일, 미국 오하이오 주의 밀란에서 태어났다. 온 가족은 에디슨이 태어나길 고대하고 있었다. 일곱 번째로 태어난 아기는 신비한 마법사가 된다는 속설이 있었기 때문이다. 에디슨은 유난히 잔병치레가 잦았지만 호기심이 많은 아이로 성장했다. 머리가 너무 커서 에디슨은 가족에게 걱정을 끼쳤다.

결혼 전에 학교 선생님이었던 어머니는 매우 영리하고 현명한 여인이었다. 에디슨은 한 번은 거위가 알을 품고 있는 것을 보고, "거위가 왜 알을 품고 있어요?"라고 어머니에게 물었다. "거위 새끼를 부화시키기 위해서란다."라고 어머니가 대답해 주었었다. 얼마 후 에디슨은 헛간에 가만히 거위 알을 품고 앉아 있었다. 자기도 거위처럼 거위 새끼를 부화시키겠다는 생각에서였다. 호기심 많은 에디슨이 이와 같이 첫 실험을 한 것은 그가 여섯 살 때였다.

1854년, 에디슨 가족은 포트 휴런으로 이사를 했다. 아버지는 그곳에서 건축자재와 가축 사료, 곡식 등을 파는 잡화 상점을 열었고, 그 무렵 에디슨은 학교에 입학했다. 하지만 에디슨은 학교생활에 잘 적응하지 못했고 성적은 항상 꼴찌였다. 반복되는 지루한 학교 수업에는 영 흥미를 느끼지 못했기 때문이다. 다양한 나이의 학생들이 한데 섞여 있는 교실 분위기는 늘 산만했다. 에디슨은 수업 시간에 그림을 그리고 낙서를 하거나 창밖을 바라보며 혼자만의 생각에 빠지곤 했다.

수업에 집중하지 못하는 에디슨은 매번 선생님께 꾸중을 들었다. 그는 호기심이 많고 장난이 심했던 탓에 학교생활에 잘 적응하지 못했다. 그래서 결국 그는 3개월 만에 학교에서 쫓겨나고 말았다. 자초지종을 듣고 머리끝까지 화가 치민 어머니는 에디슨의 손을 잡고 학교로 달려갔다. 어머니가 "우리아이가 이상한 게 아니라 선생님이 아이의 깊은 생각을 이해 못하신 거 아닌가요? 선생님에겐 특별한 아이를 교육할 능력이 없는 것 같군요."라고 항의하자, 선생님은 "저 아인 돌았어요. 머리가 이상한 아이를 가르칠 순 없잖아요!"라고 응답했다. 어머니는 "머리가 이상한 사람은 선생님입니다. 선생님에게 배우는 아이들이 불쌍하군요. 이제 우리 아이 공부는 제가 맡겠어요."라고 말하고, 에디슨을 데리고 집으로 돌아왔다. 그 후로 에디슨은 집에서 어머니에게 교육을 받았다.

전직 교사였던 어머니는 정성을 다해 에디슨을 가르쳤다. 어머니는 에디슨의 모든 질문을 받고 성실하게 대답해 주었다. 에디슨은 어머니와의 수업이 즐거웠다. 어머니는 엉뚱한 질문을 해도 야단치지 않고 함께 고민하며 답을 찾기 위해 노력했다. 어머니는 에디슨에게 가능한 많은 책을 읽도록 타일렀다. 에디슨은 어머니의 교육 방법 덕분으로 독서에 흥미가 생겨 스스로 과학책과 문학작품들을 읽기 시작했다. 특히 셰익스피어와 찰스 디킨즈의 작품을 즐겨 읽었다.

어머니의 가르침 덕분에 에디슨은 또래 아이들 보다 더 빨리 글자를 깨우쳤고 책을 통해 많은 지식을 쌓을 수 있었다. 리차드 파커의 <자연 과학과 실험 과학 입문>은 1850년대의 물리학과 과학 기술을 소개한 책으로, 에디슨에게 큰 영향을 끼쳤다. 에디슨은 이 책을 수없이 되풀이하여 읽으면서 의문이 생기면 이해가 될 때까지 실험을 했다. 실험이 잦아지면서 에디슨의 방은 실험 도구와 약품들로 가득 찼다. 그는 필요한 것은 용돈을 모아 구입하거나 친구 마이클과 쓰레기장을 돌며 모았다. 에디슨은 용돈으로 약품을 사서 실험하는 일을 좋아했다. 그러자 아버지가 집의 지하실에 실험실을 차려 주었다.

에디슨은 어려서부터 일기에 하루 일과를 기록했고, 어른이 되어서도 보고 들은 것은 무엇이든지 옮겨 적는 메모광이었다. 에디슨은 늘 주머니에 노트를 넣고 다니며 메모했는데, 이는 에디슨이 창조적인 발명품들을 만드는 데 큰 도움이 되었다. 에디슨이 정규 교육을 받은 적이 거의 없지만, 엄청난 독서량과 메모 습관을 원동력 삼아 위대한 발명가가 될 수 있었다.

1859년, 열두 살이 된 에디슨은 돈을 벌기 위해 열차에서 신문과 간단한 먹을거리를 팔기 시작했다. 이때 그는 화학실험을 좋아하는 것을 알고 차장이 화물칸에 실험실을 차리도록 허락해 주었다. 그런데 얼마 뒤에 열차 바닥에 불이 붙는 사고가 나서 실험실은 폐쇄되었다. 이 때 그는 차장에게 따귀를 맞았는데 한쪽 귀를 크게 다쳐서 한쪽 귀를 못 쓰게 되었다.

에디슨은 한쪽 귀를 못 쓰게 되자 실망하여 있을 때, 어머니는 베토벤이 귓병을 앓아 전혀 소리를 듣지 못해도 위대한 교향곡을 창작할 수 있었다고 얘기 하면서 에디슨이 다시 용기를 얻어 일을 할 수 있도록 격려해주었다. 어머니의 헌신적인 노력으로 에디슨은 새로운 생활에 적응해 갔다. 한쪽 귀는 잘 들리지 않았지만 에디슨은 전보다 더 열심히 노력했다.

그러던 1862년 어느 날, 에디슨은 기차역에서 위험에 처한 역장의 아들을 발견했다. 맞은 편 선로에서 열차가 들어오는 것을 본 에디슨은 선로에 뛰어들어 아이를 구했다. 역장은 감사의 뜻으로 그가 원하는 전신기술을 가르쳐 주었다. 그 당시 전신은 가장 빠른 통신 수단이었다. 새로운 것이라면 무엇이든 흥미를 느꼈던 에디슨은 당시만 해도 첨단 과학 기술인 전신 기술을 배울 수 있는 기회를 놓치지 않았다.

에디슨은 열심히 기술을 익혀서 열여섯 살 때 전신 기사 자격증을 땄다. 그리고 얼마 후에 포트 휴런에 조그마한 전신국을 세웠다. 하지만 전보를 치는 사람들은 많지 않았고 결국 전신국은 문을 닫고 말았다. 그는 전신 기사를 구한다는 소식을 듣고 캐나다로 향했고 운 좋게 채용되었다. 하지만 그곳에서도 오래 버티지 못하고 쫓겨나고 말았다.

그 후 에디슨은 보스턴에 사는 친구의 도움으로 전신국에 취직했고, 그곳에서 열심히 일했다. 여느 날과 다름없이 뉴욕에서 들어오는 전신을 받아 적던 에디슨은 갑자기 빨라진 속도에 잠깐 놀랐다. 이 전신은 에디슨의 실력을 알아보기 위해 친 장난 전신이었다. 하지만 그에게 그 정도는 쉬운 일이었다. 계속 전신을 받아 적던 그는 상대방이 지친 틈을 타서 전신을 보냈다. 에디슨을 얕잡아 보던 친구들은 에디슨의 실력을 알아보고 다시는 그런 장난을 치지 않았다.

그러던 어느 날, 에디슨은 마이클 패러데이의 <전기학의 실험적 연구>를 읽고 그의 독창적인 전기 연구에 매료되었다. 그가 전기에 관심을 가지게 된 데에는 패러데이의 영향이 컸다. 그는 그 책을 읽고 모르는 내용이 너무 많아서 더 열심히 연구하고 실험을 하지 않으면 안 되겠다고 생각하고 전신에 관한 일을 그만두기로 했다.

1869년, 스물두 살이 된 에디슨은 발명가의 길을 걷기로 결심했다. 그는 국회 의사당으로 가서 국회의원들이 투표를 하기 위해 길게 줄을 선 모습을 보았다. 그 모습을 보고 각자 자리에 앉아서 버튼을 하나씩 누르면 될 수 있을 것이라고 생각하며 집으로 돌아왔다. 에디슨의 첫 발명품은 그렇게 탄생했다. 그는 자신의 발명품인 전기투표 기록기가 투표하는 시간을 단축시켜 투표할 때의 번거로움을 없애 줄 거라고 굳게 믿었다.

에디슨은 특허청에 자신의 발명품을 등록하고 워싱턴 의회를 찾아갔다. 에디슨의 얘기를 듣고 편리한 기구라고 칭찬하는 의원들도 있었지만, 결국 의원들이 투표할 때 많은 시간을 사용하는 것은 신중에 신중을 기하기 위해서라고 말하면서 쓸모가 없다고 말했다. 전 재산을 들여 만든 발명품이 쓸모없는 것이 되어 버리자 그는 절망했다. 하지만 그는 발명에 대한 신념만은 버리지 않았다.

에디슨은 발명가들이 많이 모여 있는 뉴욕으로 갔다. 뉴욕에서 그는 금 시세표시기를 발명한 로즈 박사를 찾아가 그의 회사에 취직하기로 결심했다. 빈털터리가 되어 머물 곳이 없었던 그는 로즈 박사의 회사에 숨어 지냈다. 그는 그곳에서 생활하며 밤낮으로 기계를 살펴보고 있었다. 그가 그곳에서 머문 지 사흘 째 되던 날, 잘 돌아가던 기계가 갑자기 멈춰버렸다. 손님들은 거세게 항의했고 기술자들은 원인을 찾지 못해 당황했다. 회사가 문을 닫게 될 수도 있는 위급한 상황이었다.

에디슨은 그 상황을 지켜보고 있다가 "제가 기계를 고쳐보겠습니다." 로즈 박사는 젊은 에디슨을 보고, "당신이 기계를 다룰 줄 아시오?" "예, 톱니연결 부분이 문제인 것 같습니다."라고 대답하고, 금시세표시기를 돌아가게 했다. 그리고 그는 로즈 박사에게 자세히 설명을 하고, 로즈박사는 그의 설명을 듣고 감탄했다.

1869년, 에디슨은 로즈 박사 회사에 근무하게 되었다. 몇 달 후, 기계에 대해 더 많은 것을 알게 된 에디슨은 주식 시세표시기를 발명했다. 에디슨의 발명품은 미국 경제의 중심인 뉴욕의 주식 시장에 매우 유용한 것이었다. 어느 날 에디슨의 발명품에 대한 소식을 들은 한 사업가가 주식 시세표시기를 4만 달러에 샀다. 그 금액은 당시 사람들이 20년 이상 일해야 모을 수 있는 큰 금액이었다. 그는 전기투표 기록기는 실패했지만 그 기술을 응용해서 만든 주식 시세표시기로 큰돈을 벌 수 있었다.

1870년에 에디슨은 뉴저지 주의 뉴어크에 자신의 발명품을 생산하는 공장을 세웠다. 하지만 어머니는 그렇게 바라던 아들의 성공을 보지 못하고 끝내 돌아가고 말았다. 항상 자신을 믿고 지지해 준 어머니의 임종을 지키지 못한 그는 회한의 눈물을 흘렸다. 아들의 능력을 믿고 마음껏 펼칠 수 있도록 이끌어 준 어머니가 안 계셨더라면 발명왕 에디슨은 없었을 지도 모른다.

에디슨이 다섯 명의 직원과 함께 시작한 공장은 다섯 개로 늘어났고 직원들은 50배나 많아졌다. 하루에 4시간만 자면서 열심히 일하는 에디슨은 직원들에게 신뢰와 존경을 받는 책임자였다. 뉴어크의 공장이 점점 비좁아지자 1876년, 뉴저지 주의 멘로파크에 집과 연구소를 마련하고 기술자들을 고용했다. 그는 멘로파크에 자리를 잡고 맨 처음으로 한 일은 전화기를 발전시키는 것이었다.

1870년대 말, 미국에서는 전화기의 발명을 놓고 세 사람이 경쟁을 벌였다. 그레이엄 벨과 엘리사 그레이와 토머스 에디슨이었다. 당시는 세계 여러 나라에서 동시에 기술 혁신이 이루어지던 '제 2차 산업혁명' 시기였다. 그래서 화학, 전기, 전신, 자동차, 철강 등 많은 분야에서 뛰어난 발명가들이 나타났다. 위의 세 사람 역시 비슷한 시기에 전화기에 관심을 갖고 연구를 시작했다.

가장 먼저 전화기를 연구하기 시작한 사람은 엘리사 그레이였다. 그레이는 1876년 2월 11일에 전화기의 모양과 원리를 수첩에 그렸다. 그레이엄 벨이 1876년 3월 9일에 전화기 그림을 완성한 것보다 28일 빠른 것이었다. 전기를 이용한 발명품에 관심을 가진 에디슨도 비슷한 시기에 전화기를 생각해내고 그림을 그렸다. 하지만, 이 세 사람 중 특허권을 가장 먼저 신청한 사람은 그레이엄 벨이었다. 엘리사 그레이는 그레이엄보다 2시간 뒤에 신청했기 때문에 특허권을 얻을 수 없었다.

한편 가장 늦게 전화기를 완성한 에디슨은 더 성능이 좋은 전화기를 만드는 쪽으로 방향을 바꾸었다. 그 결과 에디슨은 벨의 전화기보다 훨씬 성능이 좋은 송화기를 만들 수 있었다. 에디슨의 회사와 벨의 회사는 치열한 경쟁을 벌였지만 나중에는 서로의 장점을 인정하고 협력했다. 그래서 에디슨의 송화기와 벨의 수화기를 합쳐 더 성능이 좋은 전화기를 만들 수 있었다.

에디슨은 뉴저지 주의 맨로파크 연구소에서 전화기를 개량해서 새로운 전화기를 만들었고, 그리고 나서 축음기를 발명했다. 축음기는 에디슨이 벨의 전화보다 성능이 좋은 전화를 발명하다가 얻은 아이디어로 만든 것이다. 그는 목소리로 진동, 즉 움직임을 만들 수 있다면 반대로 그 움직임을 소리로 바꾸는 것도 가능할 것이라고 생각했다. 그가 축음기로 녹음한 소리를 들려주자 멘로파크 연구소 직원들은 깜짝 놀랐다. 소리를 녹음한다는 것은 그 당시로서는 상상도 할 수 없었던 일이기 때문이다. 축음기의 발명으로 음반을 만들 수 있게 되었고, 사람들은 언제든 원할 때마다 음악을 즐길 수 있게 되었다.

에디슨이 축음기를 발명하고 난 뒤에 그는 백열전구 발명을 위한 연구를 시작했다. 당시 사람들은 밤이 되면 촛불이나 기름 램프로

겨우 어둠을 쫓는 게 전부였다. 그 당시 아크등이 있었지만 값도 비싸고 뜨거운 불똥이 튀어서 매우 위험했다. 야외라면 모를까 실내조명으로는 위험했다. 전기를 이용해 불을 밝히는 일은 이전에도 많은 과학자들이 연구했지만 현재까지 이렇다 할 연구 성과는 보고되지 않고 있다. 어떤 노력이 필요하더라도 전기를 이용해 값싸고 편리한 가정용 전등을 반드시 만들겠다고 에디슨은 다짐했다. 현재에 문제가 되는 것은 전선이 금속이나 탄소로 되어 있어 전기 소모량이 많고, 그보다 더 큰 문제는 발전기가 많은 양의 전기를 만들어 내지 못해서 전기를 필요한 양의 절반밖에 얻을 수 없다는 것이다.

에디슨은 자신을 믿어주는 직원들과 그동안 전구 발명을 시도했던 사람들을 찾아다니며 조언을 구하는 일부터 시작했다. 당시 전등은 가격이 비싸 부자들만 쓸 수 있었다. 또한 불편하고 위험해서 가정에서는 사용할 수 없었다. 사람들은 해가 지면 집으로 향하는 발걸음을 재촉했고, 집에 들어가면 곧 잠자리에 들 수밖에 없었다. 에디슨은 가난한 사람들도 밤에 책을 읽고 공부할 수 있도록 값싼 전등을 만들고 싶었다. 이미 축음기 발명을 경험한 사람들은 에디슨에게 큰 기대를 걸었고, 자진해서 연구비 명목으로 많은 돈을 기부했다.

1877년, 에디슨은 발명가인 윌리엄 윌리스와 모지즈 파머가 만든 전구에 대한 소식을 들었다. 그것은 최신식 장치가 분명했지만 아주

짧은 시간만 빛을 낼 수가 있어서 실용성이 없었다. 당시는 전기를 이용한 조명이 아닌 가스를 이용한 조명을 많이 사용했다. 에디슨은 전기를 이용한 전구를 만들면 가스 조명보다 편리할 것이라고 확신했다. 그래서 1878년, 에디슨은 전기조명회사를 설립하고 본격적인 연구를 시작했다. 그리하여 수학과 과학 실력이 뛰어난 학자들과 유리의 금속을 잘 다루는 기술자들을 새로 모집했다.

백열전구 내부에서 전류를 통해 빛을 내는 실처럼 가는 금속선이 바로 필라멘트다. 에디슨은 이전의 전구는 빛을 내는 필라멘트가 금방 타 버린다는 문제가 있었다. 에디슨과 연구원들은 오랜 시간 안정적으로 빛을 낼 수 있는 필라멘트를 찾으려고 밤낮으로 연구했다. 가장 적합한 것은 백금이었다. 백금은 그때까지 실험한 재료 중에서 가장 오랫동안 밝은 빛을 냈다. 하지만 가격이 너무 비싸다는 단점이 있었기 때문에 사용할 수 없었다. 에디슨은 절망하지 않고 새로운 재료들을 가지고 연구를 계속했다.

에디슨은 백열전구의 핵심인 필라멘트를 연구할 때 재료를 찾기 위해 전 세계를 돌아다녔다. 그리고 수백 가지가 넘는 재료로 같은 실험을 반복했다. 그는 "발명을 할 때면 언제나 해결해야 할 새로운 문제가 나타난다. 여기서 중요한 점은 문제에 직면했을 때 포기하지 않는 것이다."라고 말했다. 그가 다른 발명가들과 다른 점이 있다면 몇 번의 실패로 발명을 포기하지 않았고, 원하는 결과를 얻을 때까지 실험을 계속하는 것이다.

에디슨은 2천 번이 넘는 실패 끝에 백열전구를 발명했지만, 어떤 순간도 실패로 여기지 않았다. 그는 단지 2천 가지의 방법이 효과가 없다는 것을 입증했을 뿐이라고 생각했다. 만약 그가 실패 앞에 굴복했더라면 인류가 백열전구의 혜택을 누리는 것은 조금 더 늦춰졌을 것이다.

1879년 12월, 마침내 에디슨은 필라멘트에 적당한 재료를 찾아냈다. 무명실을 탄화시켜 만든 탄화면사가 바로 그것이었다. 탄화면사 필라멘트로 만든 전구는 45시간 동안 꺼지지 않았다. 탄화면사 필라멘트는 좋은 재료였지만 에디슨은 좀 더 저렴하고 오랜 시간 빛을 낼 수 있는 필라멘트를 찾기 시작했다. 그는 무려 6천 가지 이상의 물질로 실험한 끝에 대나무 필라멘트를 이용하면 전구의 수명이 훨씬 더 오래간다는 것을 알아냈다. 대나무 필라멘트는 1천 시간 이상 안정적으로 빛을 낼 수 있는 최상의 물질이었다.

1879년 12월 31일, 에디슨은 멘로파크에서 백열전구를 공개했다. 전구가 소개되자 미국은 물론 전 세계가 흥분을 감추지 못했다. 에디슨은 인류에게 빛을 선사한 위대한 발명가로 칭송받았고, 이때부터 세상은 밤에도 빛으로 환하게 밝혀지게 되었다.

그리고 에디슨은 많은 노력을 기울여 백열등을 발명하는데 성공했다. 그는 이어서 축전기, 전기 자동차, 전기기관차, 영화촬영기, 영사기, 믹서기, 건조기 등 1,100개가 넘는 발명품과 1,500건이 넘는 특허를 취득했다. 그리고 1931년 10월 18일, 에디슨은 여든넷의 나이로 조용히 세상을 떠났다. 에디슨의 장례가 치러지던 날 밤 10시, 미국 전역에 전등이 하나둘 꺼지기 시작했다. 곧 칠흑 같은 어둠이 내려앉았다. 그것은 에디슨의 죽음을 슬퍼하며 명복을 비는 사람들의 애도의 뜻이었다.

타고난 천재는 아니었지만 노력하는 천재로 살았던 토머스 에디슨! 세상 모든 것에 대해 의문을 품고 새로운 것에 대한 호기심으로 가득했던 그는 결코 실패를 두려워하지 않았다. 그가 만들어 낸 발명품들은 현재 우리가 살아가는 데 없어서는 안 될 것들로, 그가 우리에게 준 선물이며 위대한 유산이다.

에디슨이 없었다면 언제 어디서나 들을 수 있는 아름다운 노래도, 어두운 밤을 비춰 줄 빛도, 영화도 없었을 것이다. 우리 생활에서 많은 부분을 차지하고 있는 수많은 발명품 뒤에는 끝없이 계속되는 연구와 실험, 그로 인한 수많은 실패에도 포기하지 않고 끊임없이 노력하는 혁신가로서의 에디슨이 있었다. 새로운 문명을 창조해낸 에디슨은 우리에게 영원히 밝은 빛으로 기억될 것이다.

플로렌스 나이팅게일
(Florence Nightingale : 1820-1910)

세상 사람들이 나이팅게일의 이름을 들으면 생각나는 말들이 있다. '백의의 천사', '크리미아의 천사', '등불을 든 숙녀'......그러나 이런 말을 기억한다고 해서 그녀의 실상을 파악할 수 있다는 것은 아니다. 물론 그것은 크리미아 전쟁 중의 부상병 치료를 통해서, 또한 산업혁명과 더불어 대량으로 배출된 가난한 노동자들의 질병 치료, 혹은 근대 간호학의 창립이라는 그녀의 업적을 통해서 세상 사람들이 기억하는 말들이지만, 나이팅게일을 '백의의 천사'라는 말만으로 부르기에는 너무나 방대한 업적을 남겼다. 간호사라는 직업을 확립시킨 '백의의 천사', 더 나아가서 사회 사업가였던 나이팅게일의 커다란 실상을 살펴보기로 하겠다.

나이팅게일은 1820년, 영국의 부유한 가정에서 태어났다. 부모가

3년간에 걸친 신혼여행을 하는 중에 이탈리아의 '피렌체'에서 나이팅게일은 태어났다. 그녀의 이름 '플로렌스'는 피렌체의 영국 발음을 딴 것이며 어릴 때는 '플로렌스'를 줄여 '플로'라는 애칭으로 불렀다. 언니 파세노프의 이름은 나폴리의 옛 이름을 딴 것이다.

나이팅게일은 상류계급 윌리엄 에드워드 나이팅게일의 둘째 딸로 태어나서 햄프셔 주의 엠플리파크와 리허스트에 있는 대저택과 넓은 땅에서 자랐다. 그리고 귀족들이 누리는 전형적인 교육을 두루 받았다. 아버지로부터는 희랍어, 라틴어, 프랑스어, 이탈리아어, 독일어, 역사, 철학 등을 배웠다. 나이팅게일의 아버지와 어머니는 나이팅게일에게 가정교사를 붙여주기로 하고, 살라 크리스티라는 프랑스 출신의 여선생을 소개해주었다.

나이팅게일은 금세 크리스티 선생을 따르게 되었다. 크리스티 선생은 나이팅게일에게 성경과 프랑스어, 작문, 문법 그리고 음악, 미술, 재봉, 수예 등 그 당시 상류 가정의 딸이면 누구든지 배워야 할 모든 것을 고루 가르쳐 주었다. 크리스티 선생은 사람에겐 마음으로부터 친절할 것과 아무리 작은 일이라도 성의를 다해야 한다는 두 가지를 늘 나이팅게일에게 강조했고, 그것을 틀림없이 지켜야 한다고 가르쳤다. 크리스티 선생의 그런 가르침은 아홉 살의 나이팅게일에게 착한 마음과 사랑하는 마음을 길러 주었다. 나이팅게일이 열세 살 되던 해에 크리스티 선생은 독일 사람과 결혼하게 되어 엠블리를 떠났다.

나이팅게일이 열일곱 살이 되던 1837년 초인 겨울에 마을에 나쁜 유행병이 돌기 시작했다. 나이팅게일은 마을의 가난한 사람들을 도우며 그들이 병으로 앓고 있을 때 문병하는 일이며, 어린 아이들을 사랑하는 일을 열심히 했다. 그녀는 따뜻한 담요와 영양이 많은 음식물을 가지고 마을을 다니면서 나누어주곤 했다. 마침내 나이팅게일 일가에도 병이 들어 파세노프와 어머니, 아버지도 줄줄이 유행성 열병을 앓게 되었다. 그녀는 열심히 가족을 간호했다. 그리하여 가족이 다 나을 대쯤 되었을 때 그녀가 앓아 눕게 되었다. 그녀는 침대에 누워 있으면서도 마을 사람들을 잊지 않았다. 그녀는 아파 누워 있으면서도 마을 사람들을 위해 기도했다.

"하나님, 저 불쌍한 사람들을 구원해 주시옵소서. 회복하게 하여 주시옵소서."

그러자 뜻밖에도 하나님의 목소리가 분명하게 들려왔다.

"너는 내가 선택한 사람이니라. 하늘의 자녀로서 일하라."

나이팅게일은 깜짝 놀라서 눈을 뜨고 방 주위를 살펴보았다. 그러나 하나님의 모습은 보이지 않고 다만 새장 안에서 새가 울고 있을 뿐이었다. 그날 밤, 그녀는 떨리는 손으로 펜을 쥐고 일기장에 이렇게 써두었다.

1837년 2월 17일

하나님께선 나를 따르라고, 일하라고 말씀하셨다. 그렇지만 하나님은 나에게 무엇을 시키려고 하시는지 모르겠다.

하나님의 목소리를 들은 후에 나이팅게일은 유행성 열병은 차차 낳기 시작했다. 어느덧 엠블리의 뜰에는 크로커스 꽃이 피었고, 온 집안은 다시 활기를 되찾았다. 며칠 후에 아버지와 어머니는 따뜻한 난롯가에 앉아 즐겁게 이야기를 주고받았다. 그들은 유럽 여행을 가기로 결정했다.

1837년, 나이팅게일은 가족과 함께 유럽 여행을 떠났다. 그녀는 1년 7개월 동안 프랑스, 이탈리아, 스위스 등 여러 나라를 여행하며 다양한 문화를 경험하고 많은 사람들을 만났다. 가난하고 병든 사람들이 어렵게 살고 있는 모습을 처음으로 본 그녀는 큰 충격을 받았다. 하지만 영국으로 돌아오자 다시 화려한 옷을 차려입고 파티에 나가야만 했다. 하지만 그녀는 파티가 재미없었고, 자기가 해야 할 일이 다른데 있다고 생각했다.

어느 날 나이팅게일은 큰맘 먹고 아버지에게 "아버지, 제가 병원에 가서 간호사로 일하고 싶어요."라고 말했다. 그 말을 들은 아버지는 몹시 화를 냈다. 그 당시 사람들은 간호사를 천하게 여기고 무시했다. 당시만 해도 병원은 더럽고 가난한 사람들이 가는 곳이었다.

귀족들은 의사를 집으로 불러서 치료를 받았다. 어머니도 나이팅게일의 말을 듣고 한사코 반대했다. 나이팅게일의 부모는 나이팅게일이 여행을 하면 생각이 달라질 것이라고 생각하고 나이팅게일을 이탈리아로 여행을 보냈다.

이탈리아에서 나이팅게일은 전에 영국의 장관을 지낸 시드니 허버트를 만났다. 허버트와 그의 아내는 가난하고 병든 사람들을 돕고 있었다. 허버트는 간호사가 되고 싶다는 나이팅게일의 말을 듣고 용기를 북돋아 주었다. 허버트는 나이팅게일에게 간호에 관한 책들을 주면서 다음과 같이 말했다. "나이팅게일, 아픈 사람을 간호하는 일에는 당신 같은 사람이 꼭 필요해요. 이 책들부터 읽어보세요. 도움이 될 거에요."

나이팅게일은 <무서운 질병 열 가지>, <잘못된 간호지식>, <오늘날의 병원>, <가난은 곧 병이다> 등의 책들을 받아서 열심히 공부했다. 책들을 읽는 동안 나이팅게일은 병원 환경을 좋게 바꾸고, 간호사들을 제대로 교육해야겠다고 생각했다.

스물아홉 살에 나이팅게일은 리처드 미룬스라는 멋진 청년에게 청혼을 받았다. 그녀는 재미있고 다정한 리처드가 좋았지만, 결혼하면 간호사 역할을 제대로 할 수 없다고 생각했다. 그래서 그녀는 "내 꿈은 훌륭한 간호사가 되는 거에요. 결혼하면 훌륭한 간호사 대신 좋은 아내가 되어야 하겠죠. 그래서 당신의 청혼을 받아들일 수 없어요.”라고 말했다.

이 소리를 들은 어머니는 불같이 화를 내었다. 하지만 나이팅게일은 자기의 뜻을 굽히지 않고, 1851년에 독일에 가서 카이저스베르트 병원에서 아픈 사람들을 돌보며 간호사가 되기 위한 교육을 받았다. 카이저스베르트 병원에서 그녀는 매일 아침 다섯 시에 일어나서 밤늦게까지 환자들을 돌보았다. 딱딱한 바닥에서 여러 사람들과 함께 잠을 자고 입맛에 맞지 않는 음식을 먹을 때면, 집이 그립기도 했다. 하지만 힘없는 사람들을 위해 일하겠다는 그녀의 결심은 바뀌지 않았다. 그녀는 환자들을 자기 가족처럼 정성껏 보살폈다.

1853년에 런던의 한 자선 병원에서 나이팅게일에게 병원을 맡아 달라고 부탁했다. 사람들은 귀족 집안 아가씨인 그녀가 환자들을 잘 보살필 수 있을까 의심했다. 하지만 얼마 지나지 않아 주위의 모든 사람들이 감탄하게 되었다. 병원을 맡은 그녀는 여러 가지 계획을 세웠다. 먼저 침대 덮개를 깨끗한 것으로 모두 바꾸고, 환자가 아프면 언제든지 간호사를 부를 수 있도록 병실마다 종을 달았다.

나이팅게일이 20대를 보낸 1840년대의 영국은 역사상 ‘헝그리 포티즈’ 즉 ‘기아의 40년대’라고 불리었다. 모든 사물에는 표리가 있듯이 산업혁명에 의한 생산성의 장점을 빛이라고 한다면 빈곤에 의한 만연은 그 그늘이었다. 그리고 그녀가 이 비참함과 절망의 늪에서 고통 받는 사람들을 위해서 가치 있는 일을 하자고 생각한 것은 일찍이 스스로가 속해 있는 상류사회에 대해서 비판적이었던 그녀로서는 오히려 당연했다. 그녀는 저 유명한 <간호를 위해서>라는 저서 중에서 상류계급의 이른 바 귀부인들의 생활을 구체적으로 비판하고 있다.

이글은 1842년, 즉 나이팅게일이 22세 때 쓴 글이다.

> '나의 마음은 사람들의 고통을 생각할 때 캄캄해지며 그 어두움은 24시간 떠나지 않는다. 이제 나는 다른 아무 것도 생각할 수 없다. 시인들이 노래하는 이 세상의 영광도 나에게는 거짓말로밖에 생각되지 않는다. 눈에 보이는 사람들은 모두 불안과 빈곤과 질병에 시달리고 있다.'

이렇게 해서 그녀의 마음은 가난한 사람, 고통 받는 사람들에게로 기울기 시작했다.

한편, 당시의 병원은 불결과 비도덕의 온상이었다. 진이나 브랜디 등의 술이 병동에 반입되어 환자뿐만 아니라 간호원들도 마시고 취하는 것이 보통이었다. 또 남자 병동에서 일하는 간호원이 남자의 병실에서 자는 것도 공공연한 사실이었으며, 간호원의 과음과 비도덕은 그 당시의 상식이었다. '여성이 간호원이 되는 조건은 극히 간단했다. 실연, 염세, 무능 중 한 가지만 갖추고 있으면 충분했다.'고 나이팅게일은 <간호를 위하여>에 적고 있다.

요컨대 불결과 비도덕과 무지가 번식하는 병원의 간호원에 나이팅게일과 같은 사회적 신분의 여성이 종사한다는 것은 실제로 있을 수 없는 일이었다. 당시의 상류계급에 있어서 병원이나 간호원이라는 말은 터부였으며 상상조차 할 수 없는 일이었다.

나이팅게일이 이런 사정을 모른 것은 물론 아니다. 그러나 간호원이 되겠다는 생각을 떨쳐낼 수 없었다. 온 가족이 반대하리라는 것을 알고 있으면서도 그녀의 소망은 한결 같았다. 특히 1849년, 이집트 여행 도중 알렉산드리아 병원을 참관했을 때 정규적인 간호 교육의 중요성을 통감하고, 2년 후인 1851년, 독일 카이저스베르트 학원에서 간호학을 공부했으며, 그 후 런던, 에딘버러, 파리 등의 병원에서 간호의 실제를 공부했다.

1853년 3월, 러시아와 터키 사이에 '크림 전쟁'이 터졌다. 나이팅게일이 런던에 있는 병약자 부인 병원 원장으로 취임한 것은 1853년 8월이었다. 9월이 되자 영국과 프랑스는 터키를 돕기 위해 크림반도로 가서 러시아에 맞서 싸웠다. 전쟁에 뛰어든지 엿새 만에 영국과 프랑스는 '알마강 전투'에서 러시아에 큰 승리를 거두었다. 하지만 승리의 기쁨은 오래가지 못했다.

'치열한 싸움으로 죽거나 부상당한 병사들이 대단히 많다. 그들은 스쿠타리 병원으로 보내어졌다. 하지만 그곳에 침대와 이

불, 붕대도 없어서 병사들이 먼지투성이 바닥에 쓰러져 피묻은 담요를 덮고 있다. 게다가 간호사가 부족해서 병사들을 제대로 간호도 받지 못한 채 죽어가고 있다.'

기사를 읽은 나이팅게일은 스쿠타리 병원으로 가서 병사들을 간호해야겠다고 마음먹었다.

나이팅게일은 먼저 로마 여행 중에 알게 된 시드니 허버트에게 편지를 썼다. 당시 시드니 허버트는 영국 국무장관으로 일하고 있었다. 허버트의 편지를 받은 나이팅게일은 1854년 1월 21일, 간호사 서른여덟 명과 함께 런던을 떠났다. 나이팅게일과 간호사들은 불로뉴를 거쳐 기차를 타고 마르세유로 가서 다시 배를 타고 마침내 흑해와 보라포러스 해협에 면한 스쿠타리에 도착했다.

스쿠타리 병원은 병원이라고 말하기도 어려운 곳이었다. 햇볕이 잘 들지 않는 건물은 하루 종일 어둠 컴컴했다. 습기가 찬 병실은 눅눅했고 나쁜 냄새도 났다. 쥐와 벼룩이 들끓는 데다 먹을 것도, 붕대도, 비누도 없었다. 병원에 콜레라가 돌았지만 콜레라를 낫게 할 약도 없었다. 입원한 병사들은 다친 데가 낫기는 커녕 상태가 더 나빠졌다. 바닥 곳곳에서 부상당한 병사들이 앓고 있었고, 다친 병사들이 계속해서 들어왔다. 야전병원장으로 임명된 나이팅게일은 주야를 가리지 않고 헌신적으로 활약을 계속하여 그녀가 간호한 상이병의 수는 1만 명을 초과하였다고 한다.

'백의의 천사', '크리미아의 천사', '등불을 든 숙녀'라는 전설은 크림 전쟁에서 살아남아서 귀국한 병사들이 퍼뜨렸다. 그들이 각자의 고향에서 뿌린 소문의 씨는 바람을 타고 전국에 번졌다. 어떤 병사는 스쿠다리의 나이팅게일을 다음과 같이 표현했다.

> "그녀가 지나가는 모습이 눈에 띄기만 해도 큰 위로가 되었습니다. 그녀는 어떤 자에게는 말을 걸고 또 많은 병사들을 향해서 미소로 인사하며 지나갔습니다. 그러나 우리 모두는 등불을 들고 지나가는 그녀의 모습에 키스하는 것만으로 기쁨에 북받쳐 아픔을 잊고 베개에 얼굴을 파묻곤 했습니다."

나이팅게일이 크림 반도에서 전쟁이 일어나자 위험을 무릅쓰고 간호원을 인솔하여 전선으로 떠난 데에는 상이장병을 살리자는 것 외에도 다른 목적이 있었다. 나이팅게일이 무엇보다도 간호원에 대한 사회의 편견을 바로 잡고 싶었다. 사실 크림 전쟁은 나이팅게일에게 있어서 '간호원의 훈련자'로서 세상의 편견을 타파하는 전쟁이기도 했다.

1856년, 크림 전쟁이 끝나자 나이팅게일은 고향으로 돌아가기로 했다. 영국에서는 나이팅게일을 환영하기 위해서 큰 잔치를 준비하고 있었다. 하지만 나이팅게일은 나라에서 보내준 군함을 거절하고 외국 배를 타고 조용히 돌아왔다, 이름까지 바꾸고 왔기 때문에 아무도 나이팅게일을 알아보지 못했다.

본국으로 돌아온 나이팅게일은 그 동안에 크림에서의 경험과, 거기서 생각해 낸 육군 의료부의 모순된 규칙과 제도에 대한 개혁안을 8백 페이지나 되는 책으로 정리했다. 이때가 1858년이었다. 이것이 바로 나이팅게일이 처음으로 저술한 <영국 군대의 건강 능률과 병원 관리에 관한 각서>란 귀중한 책이다.

이듬해인 1859년에는 허버트씨와 함께 육군의 위생과 그 시설에 관한 여러 가지의 사항을 책으로 완성했다. 나이팅게일과 허버트는 이 개혁안에 따라서 영국 육군의 의료부를 개선해 보려고 생각했던 것이다. 그녀는 그 해에 다시 두 권의 책을 저술해 냈다. <평시와 전시에 있어서 육군 병원에 간호사를 채용함에 관한 각서>, <1854년, 1855년, 1856년 중 동방에서 영국 육군에 쓰기 위해 나이팅게일에게 맡겼던 기부금과 그 용도를 밝히는 진술>이라는 긴 제목의 책이었다.

그해 10월, 영국 빅토리아 여왕은 나이팅게일을 스코틀랜드로 초대했다. 여왕을 만난 나이팅게일은 스쿠타리에서 부상당한 병사들이 제대로 치료받지 못하고 죽어가던 끔찍한 일들을 이야기했다. 또한 군대에서 병사들의 건강을 잘 지키고 병을 예방할 수 있는 방법에 대해서도 말했다. 빅토리아 여왕은 나이팅게일의 말을 듣고 크게 감동했다.

나이팅게일의 영향으로 1857년 5월에 군인들의 건강을 위한 왕립 위원회가 세워졌다. 군인들을 위한 의사와 간호사를 길러내는 군의 학교도 세워졌다. 나이팅게일은 아픈 사람들뿐만 아니라 가난한 사람들에게도 관심을 가졌다. 가난한 사람들이 엉켜 사는 빈민가는 전염병이 들기 쉬운 곳이다. 나이팅게일은 가난한 사람들의 건강을 해치는 문제가 무엇인지를 알아내고, 해결할 방법을 찾았다. 하지만 영국 정부는 그런 문제에 관심이 없었다.

사십대에 들어선 나이팅게일은 오랫동안 아파서 자리에서일어나지 못했다. 하지만 그냥 누워 있지만은 않았다. 그동안 병원에서 환자들을 돌본 경험을 바탕으로 책을 쓰기 시작했다. 그렇게 자리에 누운 채로 <병원에 관한 노트>, <간호사 노트> 등의 책을 펴냈다. 나이팅게일은 오랫동안 간호사를 교육하는 일에 관심을 가져왔다. 마침내 런던의 성 토머스 병원에 나이팅게일 간호학교가 세워졌다. 학생들은 병원에서 살면서 잘 짜여지고 엄격한 교육을 받았다. 그래서 이 학교를 졸업한 간호사들은 많은 사람들의 인정을 받게 되었다. 이제 아무도 간호사를 천한 직업이라고 무시하지 않았다. 오히려 간호사는 여자들이 가장 바라는 직업이 되었다.

그리고 크림 전쟁에의 종군은 영국의 육군을 비롯한 정부 기관 내부의 관료주의와의 싸움은 그녀의 강력한 후원자였던 당시 허버트 육군 장관의 죽음으로 좌절되는 듯 했으나 줄기차게 계속되었다.

나이팅게일은 크림 반도에서 돌아와 국민들이 희사한 자금 4,5000 파운드로 '성 토마스 병원'에 나이팅게일의 이름을 딴 세계 최초의 간호학교를 설립했다. 나이팅게일의 평생소원이 이루어진 것이다. 나이팅게일의 간호학교는 세 가지 목적을 가지고 있었다. 병원의 간호사, 간호사를 가르칠 간호사, 병들고 가난한 지역 주민들을 간호할 간호사를 길러내기 위한 목적이었다. 이 학교를 졸업한 간호사들은 나이팅게일에게서 엄격한 교육을 받았기 때문에 많은 사람들의 인정을 받는 간호사가 되었다. 이후 간호사는 전문 직업으로 인정받게 되었고, 여성들이 가장 바라는 직업이 되었다. 이 간호학교는 영국과 미국 간호학교의 모범이 되었으며, 1862년으로부터 1890년 사이에 여러 개의 간호학교가 설립되었다.

나이팅게일은 육군의 관료주의자와 싸우는 한편, 영국 육군의 위생제도 개혁을 도모했으며, 또한 인도의 위생사상의 보급, 위생시설의 개량에도 전력했다. 만년의 나이팅게일은 서재에 파묻혀 여생을 정적 속에서 지냈다. 1895년 사회활동에서 물러나면서 그녀는 이렇게 말했다.

"인간이 사는 목적은 여러 가지다. 나는 인생의 태반을 실패와 좌절과 비탄 속에 상실하고 말았지만, 만년을 맞이한 지금 인생은 나에게 있어서 보다 소중한 것이 되었다."

1907년, 나이팅게일은 새로운 영국 국왕 에드워드 7세에게 공로 훈장을 받았다. 영국에서 여자가 공로훈장을 받은 것은 나이팅게일이 처음이었다.

일생을 독신으로 살아온 나이팅게일이 세상을 떠난 것은 1910년, 그녀가 90세가 되던 해였다. 영국 사람들은 나이팅게일의 장례식을 웨스트민스터 사원에서 아주 크게 치르고 싶어 했지만, 나이팅게일은 장례식을 검소하게 치르고 어린 시절에 살았던 엠블리에 묻어 달라고 유언을 남겼기 때문에, 장례식은 아주 조용히 치루어졌다. 유언에 따라 묘비에는 'F. N. 1820년 생, 1910년 사망'이라고 새겨졌다. 당시 영국과 미국에만 1000개 이상의 간호학교가 있었다고 한다. 이야말로 근대 간호의 창시자인 나이팅게일에 합당한 훈장이었다.

스위스의 사업가 앙리 뒤낭은 크림전쟁에서 나이팅게일이 자신의 몸과 마음을 다해 환자들을 돌보는 것을 보고 감동을 받았다. 전쟁 중에 다친 사람들을 우리 편이든 상대편이든 가리지 않고 치료해줘야 한다고 생각했다. 그래서 그는 1859년에 '국제 적십자'를 세웠다. 앙리 뒤낭은 적십자 운동의 아버지로 불리며, 그의 생일인 5월 8일을 적십자의 날로 정하여 기념하고 있다. 국제 적십자를 세운 앙리 뒤낭은 1901년 제 1회 노벨평화상을 받았다.

국제 적십자는 1912년부터 2년에 한 번씩, 나이팅게일이 태어난 날인 5월 12일에 세계에서 가장 훌륭한 일을 한 간호사에게 '플로렌스 나이팅게일기장'을 주고 있다. 이 상은 간호사들에게 가장 자랑스러운 상으로 여겨지고 있다.

헬렌 켈러와 앤 설리번

(Hellen Adams Keller : 1880-1968 &
Ann Sulivan : 1866 -1936)

헬렌 켈러와 앤 설리번을 함께 제목을 붙인 것은 헬렌 켈러가 앤 설리번이 없었더라면 위인의 반열에 들어가기가 어려웠을 것이라고 생각하고, 또한 스승인 설리번이 평생을 헬렌 켈러를 위해 살았기 때문에 두 여인을 동시에 내세운 것이다.

헬렌 애덤스 켈러는 1880년 6월 27일 미국 앨러배머 주의 터스컴비아에서 정상적인 아기로 태어났다. 어머니 케이트 애덤스 켈러는 22 세의 젊은 나이에 자기보다 20 살이나 많고, 이미 두 명의 아들을 둔 아서 헨리 켈러 대위와 결혼했다. 케이트는 첫 아기가 태어나자 자신의 어머니의 이름이자 빛을 뜻하는 헬렌이란 이름으로 짓자고 했다.

헬렌의 아버지는 성격 좋고 유쾌한 사람으로 군대에서 대위로 제대한 뒤에 한 때는 신문사를 운영하기도 했다. 헬렌의 집은 매우 부유하지는 않아도 생활의 부족함을 느끼지 않을 정도로 넉넉한 편이었다. 1882년 2월 어느 날 헬렌이 만 두 살이 채 안되었을 때 심한 열병에 걸렸다. 그 열병으로 헬렌은 시력과 청력을 잃었다. 의사전달을 못하는 헬렌은 사람을 때리거나 물고, 물건을 집어 던지기도 했다. 어린 헬렌은 집안의 폭군이 되었다. 헬렌의 이런 행동은 앞을 못 보는 시각장애인에게 나타나는 특징이라 할 수 있다. 볼 수 없기에 주변 사람들과 소통을 할 수 없다는 깊은 좌절감에서 생긴 분노가 행동으로 나타나는 것이다. 식탁 앞에 앉은 헬렌은 두 손에 잡히는 대로 음식을 입에 쑤셔 넣었다. 아무도 사나운 헬렌을 막지 못했다.

헬렌의 아버지는 퍼킨스 맹학교의 마이클 아나그노스 교장에게 헬렌을 가르칠 선생을 한 분 보내달라고 편지를 보냈다. 아나그노스 교장은 퍼킨스 맹학교 6년 과정을 마친 설리번에게 편지를 보냈다. 설리번은 맹학교에서 공부를 했지만 시각장애인을 가르치는 방법을 몰랐다. 그래서 설리번은 헬렌 부모님에게 6개월 말미를 얻어 맹학교에서 시청각장애인을 가르치는 법을 배웠다. 어느 정도 교육을 받은 설리번은 다음 해에 헬렌의 집으로 갔다.

설리번은 아일랜드 출신으로 그녀의 가족은 1847년 미국으로 건너왔다. 아버지는 메사추세츠 주 피딩 힐스의 한 농장에서 노동자로 일했고, 어머니는 생활력이 강한 여성으로 온갖 허드렛일을 다했다. 설리번은 1866년 맏딸로 태어났고, 남동생 두 명이 있었다. 어려운 환경에서 제대로 먹지도 못하고 자란 설리번은 다섯 살 때 트라코마라는 눈병에 걸려서 시력이 아주 나빠져 실명 상태에 빠졌지만 돈이 없어 수술도 할 수 없었다. 어려운 환경에서 어머니는 설리번이 여덟 살이 되는 해에 폐결핵에 걸려 세상을 떠났고, 어머니가 죽고 난 다음, 아버지는 설리번과 두 동생을 버리고 집을 떠나버렸다. 결국 설리번과 두 동생은 구빈원으로 갔으나, 구빈원에서 제대로 먹지 못한 두 동생은 차례로 병에 걸려 숨졌다.

구빈원에서 누군가로부터 시각장애인을 가르치는 특수학교가 있다는 이야기를 들은 후에 설리번은 그 학교에 가서 공부하고 싶었다. 메사추세츠 주 자선위원회에서 실태조사를 나와서, 설리번은 조사위원들에게 눈이 잘 보이지 않아서 퍼킨스 맹학교에 가고 싶다고 했고, 자선위원회는 설리번의 소원을 들어주었다.

열네 살에 처음으로 학교에 들어간 설리번은 공부하는 것이 하나하나가 재미있었다. 학교에는 50 세가 된 로라 브리지번도 있었다. 설리번도 점자를 배워 로라와 소통을 할 수 있었다. 실리번이 학교생활에 재미를 붙이던 어느 여름방학 때, 누군가로부터 눈은 수술할 수 있다는 애기를 듣고, 설리번은 자기 후원자에게 애기했고, 이 애기를 들은 후원자가 설리번을 데리고 안과에 갔다. 실리번은 주 자선위원회의 도움으로 두 차례에 걸쳐 눈 수술을 받고 책을 읽을 수 있을 만큼 시력이 회복되었다. 설리번은 책을 읽을 수 있게 되자 실력이 엄청나게 좋아졌다.

그때 주 자선위원회가 아네트 로저스라는 교양 있는 부인을 설리번의 후견인으로 선정해줘서, 실리번은 그 집에 드나들면서 진기한 책들과 그림 그리고 꽃들로 가득 차 있는 것을 보고 많은 책들을 읽고, 맹아학교에 들어간 지 6년 만에 우수한 성적으로 졸업했다. 설리번이 맹아학교를 졸업하고 일자리를 구하고 있을 때 헬렌 켈러를 돌볼 사람을 찾는다는 편지를 아나그노스 교장으로부터 받았다.

1887년 3월 3일, 설리번은 헬렌이 사는 엘라바마 주 터스컴비아 기차역에 도착했다. 헬렌의 어머니 켈리 부인이 마중을 나갔다. 켈리 부인은 고집스러워 보이는 설리번이 썩 마음에 들진 않았다. 거친 딸아이를 잘 다룰 수 있을지 걱정도 되었다.

설리번이 헬렌 켈러의 집에 도착하여 짐을 풀고, 제일 먼저 헬렌을 만나 한 일은 인형을 끄집어내어 헬렌의 한 손에 인형을 쥐어주고 다른 손바닥에는 d-o-l-l이라고 썼는데, 헬렌은 선생님이 무슨 뜻으로 그렇게 하는지를 이해 못했다. 헬렌은 새로운 놀이가 시작되었다고 생각했다. 손바닥이 간질간질한 것이 재미있게 느껴졌다. 설리번 선생이 다시 손바닥에 'd-o-l-l'이라고 써주자 헬렌도 설리번 선생의 손바닥을 간지럽혔다. 그것을 몇 번 반복하자 어느 순간 헬렌도 설리번 선생의 손바닥에 'd-o-l-l'이라고 똑 같이 쓸 수 있게 되었다. 다음에는 케이크를 한조각 가지고 와서 케이크를 주지 않고 헬렌의 손바닥에 c-a-k-e라고 쓰고, 헬렌이 c-a-k-e라고 정확하게 쓰면 케이크를 주었다. 이런 식으로 물건의 이름을 하나하나 익혀 나가도록 훈련을 시켰다.

실리번은 헬렌이 생활교육이 전혀 되어 있지 않다는 것을 알고 글자를 가르치기 전에 생활교육부터 먼저 시켜야겠다고 생각했다. 어느 날 아침 식사 시간에 헬렌은 숟가락이나 포크를 쓰지 않고 손가락으로 음식을 집어 먹었다. 설리번은 헬렌의 음식을 빼앗았다. 헬렌의 부모와 오빠들은 놀라서 어쩔 줄 몰랐지만, 설리번은 "헬렌의 나쁜 버릇을 이대로 두면 안 되겠어요. 헬렌의 나쁜 버릇을 고칠 테니 모두 밖으로 나가주세요. 그리고 헬렌이 울어도 들어오시면 안 됩니다."

설리번은 가족을 내보내고 문을 잠그고 헬렌 옆으로 왔다. 음식이 없어진 것을 알고 헬렌은 소리를 지르고 마룻바닥에 뒹굴고 행패를 부렸다. 설리번은 모르는 체하고 식사를 했다. 아무리 마룻바닥을 뒹굴어도 달래러오는 사람은 아무도 없었다. 헬렌은 정신을 차리고 식탁 주위를 둘러봐도 방안에는 선생님과 자기 밖에 없다는 것을 알고, 슬그머니 식탁에 앉았다. 그때에 선생님이 음식을 헬렌 앞에 놓았다. 헬렌은 배가 고파서 손으로 음식을 먹으려고 했다. 설리번은 고집스러운 헬렌에게 여러 번 반복해서 숟가락과 포크를 바로 잡고 음식을 먹도록 훈련을 시켰다.

며칠 동안 식탁 매너를 되풀이해서 교육시키고, 설리번은 헬렌의 생활 교육을 바르게 시키려면 헬렌을 가족과 떨어져서 생활해야겠다는 생각을 했다. 헬렌 부모는 앞 못 보는 헬렌이 불쌍해서 헬렌의 응석을 받아주다 보니, 헬렌의 버릇을 고치는 일이 몇 배나 힘들 수밖에 없었다. 설리번은 헬렌의 어머니에게 헬렌과 함께 별채로 가서 헬렌에게 생활예절을 가르치겠다고 허락을 받았다.

별채에는 방이 두 칸 있었는데, 헬렌과 설리번이 큰 방을 쓰고 그들을 도울 하녀가 작은 방에 머물렀다. 2주 동안 생활하면서 세수하기, 옷 갈아입기, 머리 빗기, 잠자기 등 생활교육을 잘 시켜서 헬렌의 부모님 곁으로 데리고 갔다. 설리번은 헬렌이 말을 잘 듣지 않으면 손바닥에 글쓰기를 중단했다. 헬렌도 선생님이 자기 손바닥에 글을 쓰는데, 그 물건과 글쓰기와 무슨 관계가 있는가? 하고 의문이 생긴 것이다.

어느 날 설리번은 헬렌을 데리고 밖으로 나갔는데, 헬렌이 세수를 하고 싶다고 해서 펌프가 있는 우물가로 데리고 가서 펌프로 길어 올린 물로 세수를 시켰는데, 헬렌은 자기 얼굴을 차갑게 적시는 것이 무엇인지 알고 싶어서, 헬렌이 물을 가리켰다. 실리번은 헬렌의 손바닥에 물(w-a-t-e-r)이라고 써주었다. 이때 헬렌은 물이란 단어가 자기 손위로 흐르는 차가운 것을 뜻한다는 사실을 비로소 깨달았다. 그때부터 헬렌은 빠른 속도로 단어를 익혀 나갔다. 1887년 4월 5일의 일이었다.

설리번은 헬렌을 야외에 데리고 나가서 가르쳤다. 소, 돼지, 말, 코끼리 등의 동물들을 직접 만지게 해서 가르치고, 나무, 꽃, 기타 식물도 하나하나 만져가며 가르쳤다. 또한 실리번은 점자책 읽기를 훈련시켜서 호메로스의 <일리아스>와 <오디세이아>, 찰스 램의 <셰익스피어 이야기>, 셰익스피어의 훌륭한 작품들과 성경 등을 읽어 주었다. 설리번은 헬렌에게 훌륭한 작품만을 들려주기 위해 먼저 작품 전체를 꼼꼼히 읽고, 등장인물과 주제를 완전히 이해하고 난 뒤에 헬렌과 그 작품을 함께 읽었다. 이런 공부를 통해 점점 더 많은 글자를 익히고, 책 읽는 속도도 빨라지자, 헬렌은 이제 작품 전체를 혼자 읽을 수 있게 되었다.

1890년 3월, 헬렌은 로라 브리지먼을 가르쳤던 메리 스위프트 렘슨 선생으로부터 놀라운 소식을 들었다. 스칸디나미아에서 막 돌아온 렘슨 선생은 노르웨이에서 헬렌처럼 귀먹고 눈먼 이중 장애를 가진 어린이가 입으로 말하는 법을 배우는 모습을 보았다고 전했다. 이 소식을 들은 헬렌은 설리번 선생에게 말하기를 배우게 해 달라고 졸랐다. 설리번은 여러 곳에 수소문해서 보스톤에 있는 호러스맨 농아학교의 세와 풀러 교장이 말하는 법을 가르친다는 사실을 알았다.

그리고 헬렌과 함께 그곳을 찾아갔다.

풀러 교장은 헬렌의 손을 자신의 얼굴에 가볍게 올려놓고 자신이 소리를 낼 때 혀와 입술이 어디에 있는지 헬렌이 느껴보도록 했다. 헬렌은 열심히 풀러 교장의 움직임을 따라해 한 시간 만에 알파벳 M, P, S, A, T, I의 발음을 익힐 수 있었다. 풀러 교장과 열한 번의 수업을 마친 뒤에는 설리번이 직접 헬렌에게 말하기를 가르쳤다. 말하기를 배우는 헬렌은 너무나 힘들다는 것을 알았지만, 어린 동생과 말로 대화할 수 있다는 생각으로 밤낮 없이 발성 연습을 하는데 전념했다. 그런 노력 끝에 헬렌은 간단한 말을 소리 내서 할 수 있게 되었다. 말을 하고 싶다는 열망이 너무 컸기에 헬렌은 끊임없이 연습을 했다. 그래도 혀와 입술과 목의 섬세한 움직임을 정확하게 하기가 어려워서 소리가 정상적으로 나오기가 어려웠다. 공부를 마치고 집으로 돌아갈 때는 거의 쓰러질 지경인데도, 헬렌은 가족들 앞에서 떨리는 목소리로 "엄마, 아빠, 안녕하셨어요. 저는 잘 다녀왔어요. 밀드레드, 언니 보고 싶었지?" 이렇게 간단하게 인사를 하자, 어머니의 눈에서 눈물이 고였다. 동생은 언니를 붙잡고 빙글빙글 춤을 추며 기뻐했다.

하지만 헬렌의 말하기 실력은 들인 노력에 비해 훌륭하지 못했다. 나중에 보스턴 음악학교의 성악 교사인 찰스 화이트 선생에게 말하기 수업을 받으면서, 헬렌은 풀러 교장과의 말하기 수업 때문에 제대로 말할 수 있는 기회를 다 잃었음을 알았다. 헬렌처럼 오랫동안 목소리를 내지 않았던 사람은 먼저 발성기관을 발전시킨 다음에 발음을 정확히 하는 법을 배워야 했던 것이다. 헬렌은 그렇다고 좌절하지 않고 더욱 노력을 가했다. 사람들은 힘겹게 이어지는 헬렌의 말을 들으며 장애를 넘어서기가 얼마나 힘겨운 지 알 수 있었다. 그래서 오히려 더 헬렌에게 경의를 표했다.

헬렌이 뉴욕의 청각장애아 학교인 라이트-휴메이슨 학교에 들어간 것은 1894년이었다. 헬렌의 구화 실력이 늘기를 바라는 마음에서 설리번이 이 학교에 보낸 것이다. 이 학교에서 헬렌은 지리, 프랑스어, 독일어, 수학 같은 과목을 배웠다. 그러나 이 학교에는 청각장애인만 있을 뿐 헬렌처럼 시각장애가 있는 학생은 한 명도 없었다.

또래 친구는 없었지만 헬렌에게는 유명인사 친구가 많았다. 대표적인 분이 그레이엄 벨 박사였다. 헬렌이 <서리와> 사건으로 어려움을 겪었을 때, 벨 박사는 여러 모로 헬렌을 위로해 주었다. 이렇게 해서 가까워진 사람 가운데 오랫동안 헬렌을 돕는 친구로 남은 사람이 있는데, 미국의 유명한 작가인 마크 트웨인이었다.

헬렌의 아버지는 사업 실패로 빚을 많이 져서 헬렌을 대학에 보낼 수 없게 되었다. 마크 트웨인은 헬렌의 아버지를 설득하고 자기가 헬렌의 학비를 부담하겠다고 하고 자기가 아는 이들에게 도움을 청했다. 대학입학시험 준비를 하기 위해 헬렌은 케임브리지 여학교에 지원했다. 이 학교 교장인 아서 길먼은 헬렌이 대학입학시험 준비를 하는 것은 무리라고 생각했다.

1896년 8월, 헬렌에게 슬픈 일이 생겼다. 아버지가 갑자기 세상을 떠났다. 헬렌과 설리번이 메사추세츠에 있을 때 이 슬픈 소식이 전해졌다. 아버지가 세상을 떠났다는 소식에 헬렌은 어찌해야 할지를 몰랐다. 너무나 슬프고 무서웠다. 헬렌은 서둘러 아버지 장례식에 가려고 했다. 그런데 엄마는 헬렌의 건강 때문에 오는 것을 반대했다. 무더운 8월, 아버지를 좋아한 헬렌이 장례식에 와서 건강을 해칠 것을 걱정했다. 장례식에도 가지 못한 헬렌은 아버지가 그리워 한동안 꽤 외로운 시간을 보냈다.

열여섯 살이 되어 외모가 눈에 띄게 아름다워진 헬렌은 소망이 하나 있었다. 특수학교가 아닌 평범한 학생들이 다니는 학교에 다니고 싶었다. 언젠가부터 헬렌의 꿈은 하버드 대학에 들어가는 것이었다. '뜻이 있는 곳에 길이 있다.'는 말처럼 헬렌이 평범한 친구들과 함께 공부할 길이 열렸다. 보스턴의 케임브리지 여자고등학교에서 헬렌을 받아주기로 했다. 이 학교에서 5년간 공부하며 대학입학 준비를 하기로 했다. 헬렌은 지금과는 사뭇 다른 환경에서 공부한다는 것이 마음 설레었고, 대학에 갈 수 있다는 것이 기뻤다.

마침내 1896년 10월에 헬렌에게 여학교 입학 허가가 나왔다. 6개월 뒤, 헬렌의 여동생 밀드레드도 이 학교에 입학했다. 열여섯 살에 헬렌은 태어나서 처음으로 자기 또래의 비장애인 소녀들 틈에 섞이게 되었다. 이들 소녀들과 의사소통이 잘 되지 않은 헬렌은 공부에만 매달렸다. 학교에는 점자로 된 교과서도 없었고, 선생님들도 헬렌을 따로 지도해주지 않았다. 헬렌이 수업을 들을 때면 어김없이 설리번이 옆에서 수업내용을 헬렌의 손바닥에 적어주었다. 헬렌은 설리번에게 의지해서 이 불가능할 것만 같았던 공부를 해나갔다.

헬렌이 이 학교에 입학했을 때 길먼 교장은 대학입시 준비에 5년 걸릴 것이라고 했으나, 처음 1년 동안 헬렌이 좋은 성적을 내자 1년을 단축해 4년 만에 졸업할 수 있게 해 주었다.

길먼 교장은 설리번이 헬렌을 지나치게 다그친다고 생각하고 헬렌 어머니에게 얘기했다. 헬렌의 어머니는 설리번에게 헬렌 곁을 떠나달라고 하고 길먼 교장을 헬렌의 후견인으로 정하려고 했다. 10여 년 동안 헬렌을 위해 살아온 설리번은 죽을 각오를 했다. 하지만 헬렌을 생각하고 설리번은 헬렌에게로 돌아갔다. 헬렌은 어머니가 설리번을 제거하고 길먼 교장을 후견인으로 한다는 얘기를 듣고, 설리번과 어머니 중 하나를 선택하라고 한다면 설리번을 택하겠다고 말하고 설리번과 절대로 헤어질 수 없다고 잘라 말했다.

헬렌의 교육기간을 두고 교장과 설리번의 의견이 맞지 않아서 갈등을 생겼다. 서로 양보하려고 하지 않아 헬렌은 힘든 시기를 보냈다. 결국 헬렌은 학교를 그만두고 개인지도를 받으며 대학 입학을 준비하기로 했다. 헬렌은 수학과 기하학을 이해하기가 무척 어려웠다. 포기하고 싶을 때도 있었지만 꿈을 이루려면 극복해야만 했다. 이런 우여곡절을 겪으면서도 헬렌은 3년 만에 대학입시 준비과정을 끝냈다.

헬렌은 원래 하버드 대학에 가고 싶었다. 하지만 하버드 대학에서는 여자를 받아들이지 않았다. 그래서 선택한 곳이 하버드 대학 부설 여학교인 레드클리프 대학이었다. 사람들은 그때까지만 해도 여자 최고의 명문대인 레드클리프 대학에 헬렌이 들어간다는 것은 불가능하다고 생각했다. 이제 남은 것은 대학입학 시험이었다. 1899년 6월 29일부터 이틀 동안 시험을 치루었다. 첫날은 초급 그리스어와 고급 라틴어, 둘째 날은 기하와 대수 그리고 고급 그리스어 시험이었다. 퍼킨스 맹아학교의 한 선생님이 시험문제를 점자로 만들어주었고, 헬렌은 타자기로 답을 작성했다. 쉽지 않은 과정이었지만 헬렌은 합격을 했다. 1900년 가을, 헬렌은 꿈에 그리던 레드클리프 대학에 입학했다. 장애를 가진 여성으로 대학에 들어간 것은 헬렌이 처음이었고, 헬렌의 나이 스무 살이었다.

헬렌의 대학 생활은 몹시 힘들었다. 요즈음처럼 장애인을 위한 시설을 전혀 없었고 학생들과의 의사소통도 거의 되지 않았고, 교수들과의 의사소통도 거의 되지 않았다. 점자로 된 교재가 있는 수업은 그래도 괜찮았지만, 헬렌은 강의시간에 설리번이 손바닥에 빠르게 써주는 강의내용을 듣고, 집에 돌아와서는 기억을 되살려서 수업내용을 정리해 점자타자기로 기록해두었다. 남들보다 세배, 네배 더 노력해야만 했다. 그런데도 헬렌이 명문 레드클리프 대학에 들어간 일을 두고 여기저기서 쑥덕거리는 소리가 들렸다. "레드클리프 대학에 들어간 사람은 보지도 듣지도 말도 못하는 헬렌이 아니라 앤 설리번이다."

처음 학기말이 돌아와서 시험을 쳤는데, 헬렌이 좋은 성적을 받자 설리번 선생이 답을 가르쳐 주었다고 학생들이 수군거렸다. 그래서 설리번 선생은 다음 학기 시험 때에는 헬렌과 함께 있지 않고 통역사가 헬렌에게 문제를 알려주고 헬렌은 답을 써 내려갔다. 그 결과 지난번과 마찬가지로 최고 성적 A+였다. 헬렌을 의심했던 학생들이나 교수들의 코를 납작하게 만들었다. 레드클리프 대학은 이후 4년 동안 헬렌이 본 시험 결과를 모두 학장실에 보관했다.

헬렌의 공부를 돕느라 설리번의 눈이 점점 더 나빠졌다. 대학생활을 하는 중에 헬렌에게 기쁨을 준 것은 점자책들이었고, 그 중에서도 헬렌은 철학에 흥미를 느꼈다. 어렵게 1학년 과정을 마치고 2학년이 되자 상황은 점차 나아졌다. 헬렌은 학교 공부에 익숙해 진 것이고, 게다가 헬렌은 글쓰기 실력이 우수해서 교수들이 헬렌에게 글을 써보라고 권했다. 그리고 <레이디스 홈 저널>이라는 잡지사와 편집자를 소개해 주었다. 저널 쪽에서는 헬렌의 이야기를 5개월에 걸쳐 연재해 달라고 요청했고, 헬렌은 그 요청으로 받아들였다. 한 친구가 헬렌의 어려움을 알고 하버드 대학의 영어 강사이며 <뉴스 컴패니언>이라는 잡지의 편집자였던 존 메이시를 소개해주었다.

메이시의 도움으로 헬렌의 글쓰기 실력은 나날이 발전했다. 이렇게 해서 헬렌의 삶을 기록한 <내가 살아온 이야기>가 나온 것이다. 이 책은 독자들로부터 큰 사랑을 받았고 헬렌은 이를 계기로 작가의 길을 걷게 되었다. 헬렌은 공부와 글쓰기를 함께 하면서도 우등생으로 4년간의 대학생활을 무사히 마쳤다. 1904년 6월 하순, 졸업식에서 헬렌은 설리번과 나란히 앉았다. 설리번 선생이 없었더라면 자신이 학사모를 쓰고 이 자리에 있을 수 없었을 거라는 생각에 눈시울이 뜨거워졌다. 설리번의 눈에서도 눈물이 방울방울 떨어졌다.

대학을 졸업한 뒤에 헬렌과 설리번은 보스턴 근처 렌섬에 정착하기로 결정했다. 글을 쓰면서 살아가려면 고향보다 보스턴 근처가 나을 듯 했고 도와주는 이들도 더 많았다. 헬렌은 1904년부터 4년간 장애 속에서 사는 자신의 삶을 <이성과 감성>이라는 제목으로 잡지에 연재를 했고, 연재한 글은 1908년 <내가 살아있는 세계>라는 책으로 출간되었다.

1933년, <월간 애틀렌틱> 1월호에 실린 <사흘만 볼 수 있다면>이라는 글은 대공황으로 일자리를 잃고 실의에 빠진 많은 사람들에게 큰 위로를 주었다. 지금 비록 가진 것이 없고 헐벗었더라도, 볼 수 있는 눈이 있다는 것만으로 인생이 얼마나 아름다운지를 보여주니까.
헬렌이 쓴 <사흘만 볼 수 있다면>을 읽고 감동한 사람들 가운데는 프랭클린 루스벨트 대통령도 있었다. 대공황 시기에 대통령이 된 루스벨트 대통령은 절망에 빠졌던 많은 사람들이 헬렌의 글을 읽고 위로를 얻었다는 얘기를 듣고 헬렌을 백악관으로 초대했다.

루스벨트 대통령 자신도 소아마비로 장애인의 처지를 잘 알기에 장애인을 위한 헬렌의 노력을 소중히 여기고, 헬렌이 시각장애인도 비장애인과 마찬가지로 차별 없이 교육을 받을 수 있게 해달라는 요구를 받아들여, 장애인 교육법이 통과되었고 장애인의 삶을 지원하는 여러 가지 법률도 제정되었다. 그리고 1929년에는 미국에서 처음으로 시각장애인 전용 국립도서관도 마련되었다.

헬렌이 왕성한 사회활동을 하는 데는 실리번의 도움이 컸다. 헬렌에게는 설리번이 세상 그 무엇보다도 소중했다. 설리번은 헬렌의 대중 강연 통역을 결코 남에게 맡기지 않았다. 헬렌이 쓴 글을 가장 먼저 읽고 의견을 말하는 것도 실리번의 몫이었다. 1930년대에 들어서는 설리번이 앞을 거의 못 볼 지경이었다. 설리번의 건강을 생각해서 헬렌이 강연을 줄여야만 했다.

이후 설리번의 건강은 더 나빠졌다. 1년 가까이 입원과 퇴원을 반복하던 설리번은 1936년 10월 20일, 헬렌과 함께 살던 집에서 숨을 거두었다. 1887년 미국 앨라베마 주 터스컴비아 헬렌의 집에서 처음

만난 이후로 거의 50년을 함께한 설리번 선생이 헬렌의 곁을 영원히 떠난 것이다.

설리번이 죽고 나서 헬렌은 설리번의 회고록을 쓰기로 마음먹고 1955년 설리번이 죽은 지 거의 20년이 되고, 집이 불타 모든 자료를 잃은 지 10년 만에 <나의 스승 설리번>이라는 책을 세상에 내어놓았다.

설리번이 죽은 후에 헬렌은 장애인을 돕기 위해 미국뿐만 아니라 전 세계를 돌아다녔다. 헬렌은 설리번이 없어도 일을 잘 해나갔다. 다만 달라진 것이 있다면, 그동안 헬렌과 설리번을 돌봐주던 폴리 톰슨이 설리번이 하던 역할을 대신 하는 것뿐이었다. 폴리는 헬렌이 여행할 때 동반자가 되고 통역자 역할을 했다.

헬렌은 하버드 대학에서 명예박사 학위를 받은 최초의 여성이 되었다. 모교인 레드클리프 대학은 헬렌에게 공로상을 수여하고, 그녀를 기념하는 헬렌 켈러 정원을 만들고, 정원의 분수는 '설리번 분수'라고 이름 지었다.

1964년 존슨 대통령으로부터 미국 최고의 시민에게 주는 상인 '자유의 메달'을 수여받았고, 1년 뒤에 '전미 여성 명예의 전당'에 들어갈 20명의 인물 가운데 헬렌과 루스벨트 대통령 부인인 엘레노어 루스벨트가 가장 많은 표를 얻었다.

헬렌은 1961년부터 뇌졸중에 시달리며 말년에는 집에서만 보냈다. 그녀는 고통 속에서도 미국 맹인 재단에 자금을 제공하는 일에 온 힘을 쏟았다. 헬렌 켈러는 1968년 6월 1일, 자택 '아칸리지'에서 고요히 눈을 감았다. 그녀는 영원한 동료이자 스승이었던 앤 설리번의 옆에 묻혔다.

참고문헌

- 〈교양명저 60선(문학편)〉 고려대학교 출판부편저. 고려대학교출판부, 1983.
- 〈그들이 세상을 바꾸기 전〉 에드윈 키스터 주니어 지음. 채인택 옮김. 황소자리, 2012.
- 〈김유신〉 김구연 글. 효리원, 2009.
- 〈나이팅게일〉 에마 피시엘 글. 이민아 옮김. 비룡소, 2009.
- 〈나이팅게일/카네기〉김지현 글. 세계위인전기 18. 삼익출판사, 1993.
- 〈난중일기〉 민병수 옮김. 박종관 그림. 한국어린이교육연구원, 1999.
- 〈노예제도를 폐지시킨 위대한 대통령: 링컨〉 김지환 글. 효리원, 2008.
- 〈뒤러와 미켈란젤로: 신준형의 르네상스 미술사 I〉 신준형 지음. (주)사회평론, 2013.
- 〈롤모델 인물백과〉 글공작소 지음. 아름다운 사람들, 2010.
- 〈르네상스의 거장들〉 스기마타 미호크 지음. 강신이 옮김. 어젠다, 2013.
- 〈마리 퀴리〉 이렌코엔 장카 글. 이세진 옮김. 그레이트, 2020.
- 〈명장열전〉 이성무 지음. 청아출판사, 2011.
- 〈미술사를 움직인 100인〉 엮은이 김영은. 청아출판사, 2013.
- 〈베토벤〉 최은유 지음. arte, 2020.
- 〈백성을 사랑한 세종대왕과 훌륭한 인재들〉 안선모 글. 휴먼+어린이, 2021.
- 〈삼국사기 이야기〉 김종열. 한 대규 엮음. 늘푸른 아이들, 2015.
- 〈삼국유사〉 일연 지음. 유중 엮음. 사군자, 2010.

• 〈서양 미술사〉 차홍규. 김성진 엮음. 미래타임즈, 2018.
• 〈세계를 바꾼 위인〉 이미애 지음. 아이들, 2014.
• 〈세계문학의 명작과 주인공 총해설〉 소봉파 편저. 일신사, 1986.
• 〈세계위인 교과서〉 박민미 지음. 신원문화사, 2011.
• 〈세계위인 전기 (06) 워싱턴/링컨〉 오두섭 지음. 삼익출판사, 1993.
• 〈세계위인 전기 (18) 나이팅게일/카네기〉 김지현 지음. 삼익출판사, 1993.
• 〈세상을 바꾼 특별한 부자 20인의 특별한 이야기〉 한가람 글. 거인, 2016.
• 〈세종과 정조: 왕중왕을 다투다〉 이광희. 손주현 공저. 푸른숲주니어, 2020.
• 〈세종대왕〉 이상현 글. 알라딘 북스, 2014.
• 〈세종의 비밀 프로젝트, 훈민정음 파헤치기〉 권기경 글. 지경사, 2012.
• 〈세종의 선택〉 백승종 지음. 사우, 2021.
• 〈셰익스피어〉 권오숙 지음. 한길사, 2016.
• 〈셰익스피어: 그림으로 읽기〉 권오숙 지음. 예경, 2008.
• 〈셰익스피어의 인간학〉 오다시마 유시 지음. 장보은 옮김. 말.글 빛냄, 2011.
• 〈셰익스피어처럼 걸었다〉 최여정 지음.바다출판사, 2018.
• 〈앤드류 카네기〉 고희상 글. 북스, 2011.
• 〈어린이 난중일기〉 김옥애 엮음. 홍진, 2009.
• 〈여해 이순신〉 김종대 지음. 예담, 2008.
• 〈역사를 바꾼 세계영웅사〉 스펜서 버슬리 외 지음. 이동진 옮김. 해누리, 2018.
• 〈영국문학사 II (영국희곡사)〉 김우탁 저. 을유문화사, 1991.
• 〈오(5)분 인물전〉 위진록 지음. 신지성사, 2004.
• 〈오천(5000)년 세계위인전〉 신현배 엮음. 홍진 P & M, 2006.
• 〈워싱턴/링컨〉 오두섭 글. 세계위인전기 06. 삼익출판사, 1993.
• 〈위대한 인물들의 결정적 순간: 세계편 〉 정재광 지음. 아주 좋은 날, 2014.

• 〈위대한 천재, 위대한 탄생〉김 경우 글. 처음주니어, 2011.
• 〈유쾌한 인물상식〉 김동석 지음. 하늘아래, 2008.
• 〈이십삼(23)인의 천재들〉 김만중 지음. 새희망, 2011.
• 〈이순신〉 고수난나 글. 아리샘 주니어, 2010.
• 〈이순신 (상) (하)〉 김종대. 김정산 글. 시루, 2014.
• 〈이순신 이야기〉 박종평 지음. 꿈결, 2015.
• 〈이순신: 탄생에서 한산대첩까지 (상)〉 김종대. 김정산 글. 시루, 2014.
• 〈이순신: 명란해전에서 노량 해전까지 (하)〉 김종대. 김정산 글. 시루, 2014.
• 〈이순신은 어떻게 이순신이 되었을까?〉 최정금 글. 가디언,2022.
• 〈이야기 삼국사기〉 김부식 지음. 김병태 엮음. 한국교과연구회, 1998.
• 〈이야기 삼국유사〉 일연 지음. 송명호 엮음. 한국교과연구회,1998.
• 〈이탈리아 미술 기행〉 박용은 저. 제이 앤 제이 제이, 2017.
• 〈인간으로서의 베토벤〉 프시케의 숲, 2021.
• 〈인문고전 100선 읽기〉 최효찬 지음. 위즈덤 하우스, 2014.
• 〈인물 톡톡: 나의친구, 나의 스승〉 채운+수경 엮음. 북드라망, 2012.
• 〈인물교양수업〉 앤드류의 5분 대백과사전 지음. 나무의 철학, 2020.
• 〈인물 한국사 (3) 조선〉 윤희진 지음. 길벗 스쿨, 2018.
• 〈인생교과서: 베토벤〉 민응기. 주대창 글. 21세기 북스, 2016.
• 〈인생열전〉 박영만 지음. 신원문화사, 2011.
• 〈인생의 나침반〉 윌리엄 베네트 엮음. 이창식 옮김. 고려원 미디어, 1998.
• 〈정의공주〉 박연아 지음. 동네스케치, 2012.
• 〈종교를 초월한 참사랑의 실천: 테레사〉 함영연 글. 효리원, 2014.
• 〈지식인의 두 얼굴〉 폴 존슨 지음. 윤철희 옮김. 을유문화사, 2020.
• 〈카네기 평전〉 레이몬드 브라운 지음. 김동미 옮김. 도서출판 보보스, 2006.

• 〈특별한 그녀들의 노벨상〉 사를로터 케르너 편저. 김영희 옮김. 세창미디어, 2011.
• 〈한국사 명인전〉 이은직 지음. 정홍쭌 옮김. 일빛, 1994.
• 〈햄릿〉 W. 셰익스피어 지음. 권응호 옮김. 혜원출판사, 1991.
• 〈헬렌 켈러〉 권태선 글. 창비, 2010.
• 〈헬렌 켈러〉 윤해윤 글. 한겨레아이들, 2016.
• 〈헬렌 켈러〉 캐리어 케스터 글. 김경미 옮김. 비룡소, 1998.
• 〈헬렌 켈러와 앤 설리번〉 폴드강. 강하나 각색. 작가와 비평, 2015.
• 〈호메로스에서 포우까지〉 정창범 저. 영학출판사, 1982.

간추린 위인들의 전기

초판1쇄 발행 2023년 1월 11일

엮은이 김명혁
펴낸이 이길안
펴낸곳 세종출판사

주소 부산광역시 중구 흑교로 71번길 12 (보수동2가)
전화 463－5898, 253－2213~5
팩스 248－4880
전자우편 sjpl5898@daum.net
출판등록 제02-01-96

ISBN 979-11-5979-561-9 93990

정가 15,000원